马克思主义简明读本

解读《国家与革命》

丛书主编：韩喜平

本书著者：侯治水

编 委 会：韩喜平　邵彦敏　吴宏政
　　　　　王为全　罗克全　张中国
　　　　　王　颖　石　英　里光年

吉林出版集团股份有限公司
全国百佳图书出版单位

图书在版编目（CIP）数据

解读《国家与革命》/侯治水著. -- 长春：吉林出版集团
股份有限公司，2013.9（2024.6重印）
（马克思主义简明读本）
ISBN 978-7-5534-2632-7

Ⅰ.①解… Ⅱ.①侯… Ⅲ.①《国家与革命》–列宁著作研究
Ⅳ.①A821.25

中国版本图书馆CIP数据核字(2013)第174151号

JIEDU GUOJIA YU GEMING

解读《国家与革命》

丛书主编	韩喜平
本书著者	侯治水
责任编辑	李 鑫
装帧设计	李 亮

出　　版	吉林出版集团股份有限公司
发　　行	吉林出版集团社科图书有限公司
地　　址	吉林省长春市南关区福祉大路5788号　邮编：130118
印　　刷	北京一鑫印务有限责任公司
电　　话	0431-81629711（总编办）
抖 音 号	吉林出版集团社科图书有限公司　37009026326

开　　本	710 mm×1000 mm　1/16
印　　张	12
字　　数	100千
版　　次	2013年9月第1版
印　　次	2024年6月第4次印刷

书　　号	ISBN 978-7-5534-2632-7
定　　价	36.00元

如有印装质量问题，请与市场营销中心联系调换。0431-81629729

序　言

习近平总书记指出，"青年最富有朝气、最富有梦想""青年兴则国家兴，青年强则国家强""中国梦是我们的，更是你们青年一代的。中华民族伟大复兴终将在广大青年的接力奋斗中变为现实"。

要提高青年人的理论素养。理论是科学化、系统化、观念化的复杂知识体系，也是认识问题、分析问题、解决问题的思想方法和工作方法。青年正处于世界观、方法论形成的关键时期，特别是在知识爆炸、文化快餐消费盛行的今天，如果能够静下心来学习一点理论知识，对于提高他们分析问题、辨别是非的能力有着很大的帮助。

要提高青年人的政治理论素养。青年是祖国的未来，是社会主义的建设者和接班人。要建立青年人对中国特色社会主义的道路自信、理论自信、制度自信、文化自信，就必须要对他们进行马克思主义理论教育，特别是中国特色社会主义理论体系教育。

要提高青年人的创新能力。创新是推动民族进步和社会发展的不竭动力，培养青年人的创新能力是全社会的重要职责。但创新从来都是继承与发展的统一，它需要知识的积淀，需要理论素养的提升。马克思主义理论是人类社会最为重大的理论创新，系统地学习马克思主义理论有助于青年人创新能力的提升。

要培养青年人的远大志向。"一个民族只有拥有那些关注天空的人，这个民族才有希望。如果一个民族只是关心眼下脚下的事情，这个民族是没有未来的。"马克思主义是关注人类自由与解放的理论，是胸怀世界、关注人类的理论，青年人志存高远，奋发有为，应该学会用马克思主义理论武装自己，胸怀世界，关注人类。

正是基于以上几点考虑，我们编写了这套"马克思主义简明读本"系列丛书，以便更全面地展示马克思主义理论基础知识。希望青年朋友们通过学习，能够切实收到成效。

韩喜平

目 录

引　言

海明威曾有个人与孤岛之间的比喻。他说："每个人都不是一座孤岛，一个人必须是这世界上最坚固的岛屿，然后才能成为大陆的一部分。"这就告诉我们，作为个体的人，是生活在社会这个大陆之上的。而社会不是抽象的，社会又是以一定时代、一定地域、一定民族和国家等具体形式来体现的。

历史唯物主义告诉我们：在原始社会后期，由于生产力的发展，劳动工具和技术的改进，社会分工的日益扩大和剩余产品的出现，私有制的产生，出现了人剥削人的可能，便产生了阶级。有了阶级，便有阶级之间的互动和交往。当阶级利益和阶级矛盾激化时，便孕育了阶级斗争。马克思在《共产党宣言》中明确指出：一切历史都是阶级斗争的历史。当然，原始社会除外。人类社会从低级到高级的发展过程中，阶级斗争便贯穿在其中。奴隶社会有奴隶与奴隶主两大阶级的斗争，封建社会有农民与地主两大阶级的斗争，资本主义社会有工人和资本家两大集团的斗争，我们称之为无产阶级和资产阶级的斗争。

阶级间的斗争，有和平式的，也有暴力式的。在社会矛盾和阶级矛盾积累到一定程度的时候，在具体的民族、国家中，往往会爆发波澜壮阔的革命运动。在中国历史上，从周厉王时期的国人暴动到清朝统治时的太平天国运动；在世界现代史中，从1848年的欧洲革命到俄国布尔什维克党人领导的十月革命，都是人民起来反抗压迫的暴力革命。

革命是历史的火车头。无产阶级怎样打碎资产阶级的国家机器，建立无产阶级专政的国家政权？巴黎公社的革命实践，进行了伟大的尝试，虽然最终失败了，但却对无产阶级政党进行社会主义革命提供了宝贵的经验和更加深刻的思考。而列宁的《国家与革命》，正是对俄国社会主义革命往何处去，俄国无产阶级政党往何处去等一系列时代具体社会变革的实践和重大理论问题的系统性的回答。

我们正在组建一个学习型的国家。共产党人一贯强调学习，无论是无产阶级革命阶段还是社会主义建设时期都是这样。十月革命以后，列宁给苏联共产党提出了"学习，学习，再学习"的任务；毛泽东曾提出"重要的问题在善于学习"；胡锦涛强调："一定要加强学习、勤奋工作。"总之，学不可以已。中国共产党进城后开展了第一次学习，改革开放后，开展了第二次学习。学习是建设社会现代化强国和实现中国梦的常态。对社会主义革命和建设何以可能，中国特色社会主义往何处去等重大理论和实践问题的理解，需要我们进一步加强学习马克思主义国家理论，《国家与革命》便是经典。而经典，是开卷有益的。

《国家与革命》两版序言和跋

  《国家与革命》一书的全称是《国家与革命：马克思主义关于国家的学说与无产阶级在革命中的任务》。列宁的《国家与革命》写于1917年8月至9月，本书有两版序言和一个跋。

  列宁在第一版序言里说明了写作的历史背景和目的。他开宗明义地指出："国家问题，现在无论在理论方面或者在政治实践方面都具有特别重大的意义。"[①]这个"特别重大的意义"说明，《国家与革命》一书是在国际无产阶级革命运动日益高涨，俄国十月革命即将爆发，马克思主义与第二国际机会主义激烈斗争的情况下写成的。"我们要考察一下马克思和恩格斯的国家学说，特别详细地谈谈这个学说被人忘记或遭到机会主义歪曲的那些方面"；

---

①《列宁选集》第3卷，人民出版社1995年版，第109页。

"同'国家'问题上的机会主义偏见作斗争，使劳动群众摆脱资产阶级影响"。[①]概括地说，就是三个需要：

第一，国际无产阶级革命的需要。

19世纪末20世纪初，资本主义发展到了帝国主义阶段。这既是资本主义的最高阶段，又是社会主义革命的前夜，各种社会矛盾日益激化，进一步加速了整个资本主义体系的总危机。1914年爆发的第一次世界大战，就是资本主义总危机的反映。

这场战争教育了人民，促使无产阶级反对资产阶级的革命运动迅速高涨，掀起了波澜壮阔的反战运动和罢工运动，反战要求和革命激情空前高涨；东方殖民地半殖民地国家的民族解放运动也蓬勃发展。战争引起了革命。革命高潮的到来，必然把革命的根本问题，即国家政权问题提到日程上来。怎样对待资本主义国家机器，如何建立无产阶级国家？因此，列宁在"序言"中指出："国际无产阶级革命正在显著地发展，这个革命对国家的态度问题，已经具有实际意义了。"

___

①《列宁选集》第3卷，人民出版社1995年版，第110页。

第二，反对第二国际机会主义的需要。

第二国际机会主义者在无产阶级革命最重要的问题上背离马克思主义，因而在国际共产主义运动中，围绕"国家与革命"这一根本问题展开了激烈的斗争。

以列宁为首的马克思主义者始终坚持马克思主义的国家学说，主张用暴力打碎资产阶级国家机器，建立无产阶级专政，并站在无产阶级国际主义的立场上，针对帝国主义性质的反动战争，提出了两个口号："变帝国主义战争为国内战争"，"使本国政府在帝国主义战争中失败"，从而把反对帝国主义战争和实现社会主义革命的斗争结合起来，为各国无产阶级的革命斗争指明了前进的方向。

在几十年较为和平的发展中积聚起来的机会主义成分，成为在世界各个正式的社会党内占统治地位的社会沙文主义流派。列宁指出，这个流派主要有：俄国的普列汉诺夫、波特列索夫、布列什柯夫斯卡娅、鲁巴诺维奇以及以稍加掩饰的形式出现的策烈铁里、切尔诺夫；德国的谢德曼、列金、大卫等；法国和比利时的列诺得尔、盖得、王德威尔得；英国的海德门和费边派，等等。这些"社会主义领袖"不仅对于"自己"民族的资产阶级的利益，就是对于"自己"国家的利益，也采取卑躬屈膝的迎合态度，因为大多数所谓大国早就在剥削和奴役很多弱小民族。

以伯恩施坦、考茨基为首的第二国际机会主义者，为了迎合资产阶级的需要，极力歪曲和篡改马克思主义的国家学说。他们主张同资产阶级进行合作，鼓吹"议会道路""和平进入社会主义"，反对用暴力打碎资产阶级的国家机器，反对建立无产阶级专政。由于指导思想的错误，他们在第一次世界大战中公开背叛马克思主义，用"保卫祖国"的口号煽动本国无产阶级参加残杀别国工人兄弟的战争，引诱人民群众离开革命道路，成了帝国主义的帮凶，"口头上是社会主义"，实际上是"沙文主义"。这种把马克思主义歪曲得面目全非的行径，不仅使无产阶级队伍内部产生思想混乱，更给无产阶级革命事业带来了极大的危害。因此，列宁认为："我们的任务首先就是要恢复真正的马克思的国家学说。"[①]

第三，俄国十月革命的需要。

————————

① 《列宁选集》第3卷，人民出版社1995年版，第113页。

当时，沙皇俄国既是帝国主义各种矛盾的集合点，又是世界帝国主义链条中的薄弱环节。1917年3月（俄历2月），布尔什维克党领导俄国无产阶级和革命群众，利用帝国主义战争所造成的革命形势，发动武装起义，推翻了沙皇政府，成立工兵苏维埃，取得了俄国第二次资本主义民主革命的胜利，这就是俄国历史上的"二月革命"。但新生的政权落到了资产阶级手里，组成了资产阶级临时政府。资产阶级临时政府对外继续进行战争，对内残酷压榨劳动人民。这时，列宁认为俄国革命应该从民主革命过渡到社会主义革命，并制定出实行革命转变的路线、纲领和方针。同年7月3日发生"七月流血事件"，即资产阶级临时政府动用军队镇压彼得格勒和平示威的群众，死伤400多人。接着，资产阶级临时政府又下令逮捕列宁，查封《真理报》，布尔什维克党被迫转入地下。在这种情况下，列宁指出，新的形势向无产阶级提出了最迫切的任务，这就是：再一次进行革命，用暴力打碎资产阶级国家机器，建立无产阶级专政的苏维埃。布尔什维克党在7月至8月间秘密召开党的六大，确定了武装夺取政权的社会主义革命方针。为了使无产阶级革命取得胜利，用马克思主义关于无产阶级革命和无产阶级专政的理论来武装革命人民成了一项特别迫切的任务。所以，列宁说："无产阶级社会主义革命对国家的态度问题不仅具有政治实践上的意义，而且具有最迫切的意义，因为这个问题向群众说明，为了使自己从资本的枷锁下解放出来，他们在最近的将来应当做些什么。"[1]

为了恢复和捍卫马克思、恩格斯的国家学说，肃清第二国际机会主义的影响，从思想上武装无产阶级和广大劳动群众，解决时代所提出的这些迫切问题，并以马克思主义的国家学说指导当时的革命斗争，列宁在侨居瑞士期间，阅读了马克思、恩格斯有关国家问题的大量著作，翻阅了伯恩施坦、考茨基等人的书籍，在1917年1月至2月间写下了《马克思主义论国家》的读书笔记。同年8月至9月，列宁在俄国和芬兰边界的拉兹里夫湖畔的草棚子里，利用在瑞士的研究成果，写下了《国家与革命》这部著作。

初版跋主要说明《国家与革命》一书第七章只写了一个标题，为何没有完成的原因。因为1917年的十月革命的政

---

[1]《列宁选集》第3卷，人民出版社1995年版，第110页。

治危机"妨碍"了列宁，列宁说："对于这种妨碍，只有高兴"，"因为做出'革命的经验'总比论述'革命的经验'更愉快、更有益。"①

列宁的第二版序言非常简短。正文仅一行，加上标点共28个字，说在第二章中增加了第三节，这是列宁在十月革命胜利后补写的。

当时，俄国无产阶级在列宁领导下，取得了十月革命的胜利，建立了无产阶级专政的社会主义国家。第二国际的机会主义者考茨基，在1918年8月抛出了《无产阶级专政》的小册子，肆意攻击和诋毁新生的苏维埃政权，对马克思主义关于无产阶级专政的理论发表了自己"自以为是"的观点。考茨基一方面指出十月革命是一次影响深远的重大历史事件，另一方面考茨基坚持自己的观点，认为列宁及其政党所走的夺权道路，违背了巴黎公社的革命原则。考茨基认为，现在的俄国革命在世界历史上第一次使一个社会主义政党成为一个巨大国家的统治者，这是一个远比1871年无产阶级取得对巴黎市的统治更为重大得多的事件。但是，一个重要的方面

① 《列宁选集》第3卷，人民出版社1995年版，第221页。

是巴黎公社比苏维埃共和国优越。巴黎公社是整个无产阶级的事业，各个社会主义派别都参与了这个事业，没有一个派别置身于它之外或者被它排除在外。相反的，今天统治着俄国的社会主义政党，却是在反对其他社会主义政党的斗争中取得政权的。这个政党是在把其他社会主义政党排除于统治机构之外的情况下行使其权力的。[①]

考茨基说，对于像俄国无产阶级斗争这样的巨大事件，是不可能漠不关心的。我们每个人都感到迫切地要表示态度，要热烈表示态度。我们尤其感到迫切，因为我们的俄国同志今天所遇到的那些问题明天也可能对西欧具有实际意义，尤其是因为这些问题已经决定性地影响着我们的宣传和策略的性质。

考茨基认为俄国社会主义政党的统治是专政代替了民主。考茨基认为俄国革命的发生并不意味着能够必然引发欧洲革命，因为欧洲革命是一个假定。

这是马克思主义的一条老原则：即革命是不能被制造出

---

①卡尔·考茨基：《无产阶级专政》，生活·读书·新知三联书店1973年版，第1页。

来的，革命是从条件中产生的。但是西欧的条件是同俄国的条件如此地不同，以至于俄国的革命并不必然引起西欧的革命。当1848年法国发生革命时，革命立刻蔓延到法国以东的欧洲地区。然而它蔓延到俄国边界就停下了。反过来，1905年俄国发生革命时，在俄国以西的地区也引起了一些较强烈的选举权运动，但是，并没有引起可以被称为革命的运动。所以人们毕竟不该因为布尔什维克预期发生欧洲革命而过分责怪他们。①

考茨基讲，我们的布尔什维克同志把一切都押在了欧洲普遍革命这张牌上。如果这张牌赢不了，他们就不得不陷入一条使他们面临无法解决的任务的道路。他们必须在没有军队对付强大而凶暴的敌人的情况下保卫俄国。他们必须在普遍崩溃和到处贫困的情况下建立一个为人人谋幸福的政权。实现他们所努力争取的一切目标所需的物质条件和文化条件愈欠缺，他们就愈要用赤裸裸的暴力强制、专政来代替所欠缺的方面。人民群众中间对他们的反对愈大，他们就越发

①卡尔·考茨基：《无产阶级专政》，生活·读书·新知三联书店1973年版，第35页。

有必要那样做。这样，用专政来代替民主就成为不可避免的了。①向社会主义的"无痛苦的过渡"，显然要求迫使任何反对派批评沉默下去。

为了进一步论证俄国革命用"专政代替民主"的事实，考茨基援引了全俄中央执行委员会作出的决议中的话："社会革命党（右派和中派）以及孟什维克的代表应被排除在外，同时并建议一切工人、兵士、农民和哥萨克代表苏维埃，将他们上述派别的代表开除出去。"考茨基评价道，这个措施不是针对犯有一定刑事罪行的某些人的。凡被控对政权犯有罪行者，将立即给予逮捕，无须再予以开除。苏维埃共和国宪法根本没有提到苏维埃代表的优免权。考茨基论断道："在这里，从苏维埃内开除的并不是某些个人，而是某些政党。"但是这实际并不意味着别的，而只意味着凡是站在那些政党立场上的一切无产者都丧失了选举权，他们的选举不被计数。这方面是没有一定界限的。苏维埃共和国宪法第二十三条规定："为了整个工人阶级的利益起见，凡是为了损害社会主义革命而滥用其权

①卡尔·考茨基：《无产阶级专政》，生活·读书·新知三联书店1973年版，第36页。

利的个人或整个集团，均应由俄罗斯社会主义联邦苏维埃共和国剥夺其权利。"为此，考茨基为孟什维克和社会革命党中的左派的境遇抱屈，考茨基这样形容道：在布尔什维克刚刚把孟什维克的和社会革命党中派和右派反对派从苏维埃里赶出去之后，布尔什维克和社会革命党左派之间就爆发了大斗争，他们本来是同这个左派一起组成政府的。于是社会革命党左派中间的大部分人也从苏维埃里被开除出去。考茨基认为，这就把整个反对派都宣布为被剥夺公民权者。因为任何政府，即使是革命政府，都会发现反对派滥用其权利。但是这不足以保证无痛苦地向社会主义过渡。

因此，考茨基总结道：在无产阶级本身的内部，享有政治权利的、作为布尔什维克政权基础的人们的圈子愈来愈小了。虽然其出发点是要求成为无产阶级专政，但是它从一开始就是无产阶级内的一党的专政。然而在一个时期内，它也许还能成为无产阶级的多数派对少数派的专政。"今天则甚至连这一点都值得怀疑了"①。

---

①卡尔·考茨基：《无产阶级专政》，生活·读书·新知三联书店1973年版，第47页。

列宁针对考茨基的歪曲和攻击，当1918年《国家与革命》再版时，增写了第二章第三节。列宁在这一节中，引证了马克思给魏德迈的信中关于无产阶级专政的论述，并根据十月革命胜利后阶级斗争的新经验指出，无产阶级专政是马克思主义国家学说的实质。从理论上驳斥了考茨基攻击无产阶级专政的谬论，在革命实践中捍卫和发展了马克思主义关于无产阶级专政的学说。

两版序言时间相隔很短，时差一年零四个月。第一版序言写于1917年8月，第二版序言写于1918年12月，第二版序言是对第一版简洁的补充。虽然第二版序言没有对第一版作出什么"文字"上的评价，但通过新增的内容"1852年马克思对问题的提法"，可以看出列宁对自己所著作品的严肃态度，列宁既没有因现成的作品而"故步自封"，也没有因对自己已经初步成形的思想成果而"沾沾自喜"。增加的小节表明列宁对"马克思主义关于国家的学说与无产阶级在革命中的任务"这一问题有了进一步的深思和理解，这不仅仅体现了列宁作为革命导师孜孜以求的、不断学习思考的严谨态度，也体现了马克思主义与时俱进的理论品质。

第一章　阶级社会和国家

这一章主要阐述马克思主义关于国家的起源、本质、特征、作用和消亡等基本原理，批判了各种超阶级的国家观，特别是考茨基主义在国家问题上的错误观点，划清了两种根本对立的国家观。

第一节　国家是阶级矛盾不可调和的产物

这一节列宁根据恩格斯关于国家起源问题的论述，揭示了国家的阶级实质，批判了资产阶级、机会主义的超阶级国家观。

一、恢复马克思的国家学说是马克思主义者的首要任务

列宁首先指出了马克思学说的尴尬境遇。列宁分析了

马克思学说在马克思生前和死后大有区别的"待遇"。列宁讲，马克思的学说在今天的遭遇，正如历史上被压迫阶级在解放斗争中的革命思想家和领袖的学说常有的遭遇一样。当伟大的革命家在世时，压迫阶级总是不断迫害他们，以最恶毒的敌意、最疯狂的仇恨、最放肆的造谣和诽谤对待他们的学说。在他们逝世以后，便试图把他们变为无害的神像，可以说是把他们偶像化，赋予他们的名字某种荣誉，以便"安慰"和愚弄被压迫阶级，同时却阉割革命学说的内容，磨去它的革命锋芒，把它庸俗化。

马克思的学说存在着被机会主义者篡改的危险。列宁不无担忧地写道：现在资产阶级和工人运动中的机会主义者在对马克思主义做这种"加工"的事情上正一致起来。他们忘记、抹杀和歪曲这个学说的革命方面，革命灵魂。他们把资产阶级可以接受或者觉得资产阶级可以接受的东西放在第一位来加以颂扬。现在，一切社会沙文主义者都成了"马克思主义者"，这可不是说着玩的！那些德国的资产阶级学者，昨天还是剿灭马克思主义的专家，现在却愈来愈频繁地谈论起"德意志民族的"马克思来了，似乎马克思培育出了为进行掠夺战争而组织得非常出色的工人联合会！因此，列宁对当时世界社会主义运动发出了呐喊：在这种情况下，在对马克思主义的种种歪曲空前流行的时候，我们的任务首先就是要恢复真正的马克思的国家学说。"必须大段大段地引证马克思和恩格斯本人的著作"，只有这样才能使读者了解马克思主义国家学说的全部观点。

列宁强调指出，在国家问题、国家学说、国家理论上，会随时看到各个不同阶级之间的斗争，"要最科学地来看这个问题，至少应该对国家的产生和发展情况作一个概括的历史的考察"。为此，列宁郑重地推荐了恩格斯的著作《家庭、私有制和国家的起源》一书。这本书，是恩格斯在马克思逝世以后，根据马克思的手稿，在充分研究了美国人类学家摩尔根提供的大量材料之后写成的。这本书以唯物主义的观点，深刻地揭示了原始公社制度的形成、发展和瓦解，以及私有制、阶级和国家产生的过程。对这部马克思主义关于国家学说的重要著作，列宁评价说："其中每一句话都是可以相信的，每一句话都不是凭空说的。"①当然，这部著作并

———————————

① 《列宁选集》第4卷，人民出版社1995年版，第26—27页。

不全都是浅显易懂，其中某些部分是需要读者具有相当的历史知识和经济知识才能看懂的。列宁讲，"我所以提到这部著作"，是因为它在这方面提供了正确观察问题的方法。它从叙述历史开始，讲国家是怎样产生的。

列宁还从俄国革命的实践发展需要，进一步阐述了树立正确的马克思主义国家观的重要性和迫切性。列宁分析指出：我们观察一下俄国的或无论是哪个民主国家的任何一个政党，都可以看到，目前几乎所有的政治争论、分歧和意见，都是围绕着国家这一概念的。在资本主义国家里，在民主共和国特别是像瑞士或美国那样最自由最民主的共和国里，国家究竟是人民意志的表现、全民决定的总汇、民族意志的表现等，还是使本国资本家能够维持其对工人阶级和农民的统治的机器？这就是目前世界各国政治争论所围绕着的基本问题。人们是怎样议论布尔什维主义的呢？资产阶级的报刊谩骂布尔什维克。没有一家报纸不在重复着目前流行的对布尔什维克的责难，说布尔什维克破坏民主制度。如果我国的孟什维克和社会革命党人由于心地纯朴（也许不是由于纯朴，也许这种纯朴，如俗语所说的，比盗窃还坏），认为责难布尔什维克破坏自由和民权制度是他们的发明和创造，那他们就大错特错了。现在，在最富有的国家内，花数千万金钱推销数千万份来散布资产阶级谎言和帝国主义政策的最富有的报纸，没有一个不在重复这种反对布尔什维主义的基本论据和责难，说美国、英国和瑞士是以民权制度为基础的先进国家，布尔什维克的共和国却是强盗国家，没有自由，布尔什维克破坏民权思想，甚至解散了立宪会议。列宁反思指出："这种对布尔什维克的吓人的责难，在全世界重复着。这种责难促使我们不得不解决什么是国家的问题。"①

在做了上述的分析之后，列宁总结道：要了解这种责难，要弄清这种责难并完全自觉地来看待这种责难，要有坚定的见解而不是人云亦云，那就必须彻底弄清楚什么是国家，我们看到，有各种各样的资本主义国家，有在战前创立的替这些国家辩护的各种学说。要正确处理问题，就必须批判对待这一切学说和观点。

---

① 《列宁选集》第4卷，人民出版社1995年版，第37页。

二、国家是阶级矛盾不可调和的产物和表现

在国家起源问题上，恩格斯批判了两种历史唯心主义的观点：一种是"暴力论"；另一种是黑格尔的所谓国家是"伦理观念的现实"和"理性的形象和现实"。[①]这两种观点的本质是一样的，都是在用唯心主义，即离开社会，离开阶级的存在来解释国家产生的原因。恩格斯运用历史唯物主义观点进行科学的解释，"国家是社会在一定发展阶段上的产物"。

列宁从分析国家的起源着手，说明国家是阶级矛盾不可调和的产物。只有当社会生产力发展到一定阶段，出现了私有制和阶级对立，阶级社会取代原始社会的时候，才产生了专门维护剥削阶级利益，镇压被剥削者的暴力机构，这种暴力机构就是国家。所以说，国家是社会在一定发展阶段上的产物，"这种从社会中产生但又自居于社会之上并且日益同社会相异化的力量，就是国家。"[②]这句话是从国家与社会的关系方面概括地阐明了国家的起源和本质。"从社会中

①《马克思恩格斯选集》第4卷，人民出版社1995年版，第166页。
②《列宁选集》第3卷，人民出版社1995年版，第113页。

产生",是说国家不是从来就有的,不是外部强加于社会的一种力量,而是社会内部阶级矛盾不可调和的产物;"自居于社会之上",是说国家表面上似乎是整个社会的代表,实际上只是统治阶级压迫被统治阶级的暴力组织。"日益同社会相异化",反映了国家产生的过程,表明了国家的本质是一个阶级压迫另一个阶级的工具。国家表面上是站在社会之上,对待社会上的各个阶级一视同仁,但实际上它是统治阶级专门用来压迫被统治阶级的工具。国家的本质是阶级统治的工具,是暴力机关。另一方面,为了更有效地维护统治阶级的统治地位和经济利益,国家的出现和存在有助于缓和敌对阶级之间的冲突,使互相敌对的阶级不至于在无休止的斗争中把自己和社会消灭掉。这里所谓的缓和冲突,就是把冲突保持在统治阶级所需要的"秩序"的范围之内,就是统治阶级利用国家机器使冲突的范围和程度受到控制或抑制。

这里,列宁用"国家是阶级矛盾不可调和的产物的表现"和"国家的存在表明阶级矛盾的不可调和"的观点,批判了资产阶级思想家抹杀国家的阶级性,把国家说成是阶级调和的机关的谬论。在阶级矛盾客观上不能调和的地方、时候和条件下，便产生国家。反过来说，国家的存在证明阶级矛盾不可调和。同时，列宁用"被压迫阶级的解放，不仅非进行暴力革命不可，而且非消灭统治阶级所建立的、体现这种'异化'的国家政权机构不可"①的结论，批判了考茨基否认马克思主义关于暴力革命和必须打碎资本主义国家机器的错误观点。

关于国家本质问题，毛泽东明确指出："军队、警察、法庭等国家机器，是阶级压迫阶级的工具。对于敌对的阶级，它是压迫的工具，它是暴力，并不是什么'仁慈'的东西。"②在"文革"中，毛泽东根据马克思列宁主义国家学说的基本观点，指出："对广大人民群众是保护还是镇压，是共产党同国民党的根本区别，是无产阶级同资产阶级的根本区别，是无产阶级专政同资产阶级专政的根本区别。"③毛主席的教导清楚地说明了国家的本质就在于镇压谁、保护谁，从而划清了马克思主义国家学说同形形色色的资产阶级国家学说的根本界限。

①《列宁选集》第3卷，人民出版社1995年版，第115页。
②《毛泽东选集》第4卷，人民出版社1991年版，第1476页。
③《人民日报》1968年6月2日。

三、批判"超阶级"的国家观

国家产生以后，它作为表面上凌驾于社会之上的特殊的社会力量，把被统治阶级纳入统治阶级需要和允许的"秩序"范围内，使阶级统治合法化、固定化。只要阶级存在、作为阶级统治工具的国家也必然存在。这是马克思主义关于国家的历史作用及其意义的基本思想。同时，列宁还批判了资产阶级思想家对马克思主义国家学说的歪曲以及考茨基在国家问题上超阶级观点的实质。

对马克思主义国家理论的歪曲来自两个主要方面：

一方面，资产阶级的思想家，特别是小资产阶级的思想家，他们迫于无可辩驳的历史事实不得不承认，只有存在阶级矛盾和阶级斗争的地方才有国家。但他们又说"国家是阶级调和的机关"。列宁揭露和批判了这种谬误观点，指出：国家绝不是阶级调和的结果，而是阶级矛盾不可调和的产物。如果阶级调和是可能的话，国家既不会产生，也不会保持下去。

在国家的作用问题上，小资产阶级的思想家认为，"国家正是用来调和阶级的"，宣扬超阶级的国家观点。在小资产阶级政治家看来，秩序正是阶级调和，而不是一个阶级对另一个阶级的压迫；抑制冲突就是调和，而不是剥夺被压迫阶级用来推翻压迫者的一定的斗争手段和斗争方式。列宁进一步阐明了国家的阶级实质，指出："国家是阶级统治的机关，是一个阶级压迫另一个阶级的机关。"国家用强力建立了一种"秩序"，使阶级冲突得到缓和。

俄国的社会革命党人和孟什维克在对待国家的态度上，就是站在小资产阶级民主派立场上。1917年俄国资产阶级"二月革命"取得胜利，当无产阶级为夺取"全部政权"斗争时，社会革命党人和孟什维克却偷偷地跟资产阶级达成协议，决定成立以资产阶级为首的资产阶级联合政府。不仅如此，而且"这两个政党的无数决议和他们的政治家的许多论文，都浸透了这种市侩的庸俗的'调和'论"。[①]孟什维克的策烈铁里发表过一个"全民纲领"的演说。他说："俄国革命的一切任务，它的全部实质取决于资产阶级。"列宁十分尖锐地指出，策烈铁里忘记了阶级斗争，滚到阶级妥协、阶级调和的立场上去。孟什维克的普列汉诺夫在谈到和资产

---

①《列宁选集》第3卷，人民出版社1995年版，第114页。

阶级联合时曾说："联合就是协调，协调就是不斗争。谁要赞成协调，谁就拒绝进行斗争，谁要进行斗争，谁就不联合。"因此，列宁断言：这些事实，再明显不过地表明俄国社会革命党人和孟什维克根本不是社会主义者，而是唱着貌似社会主义高调的小资产阶级民主派。透过这些尘封的历史，可以想见俄国的十月革命前夜的阶级斗争和思想斗争是相当惨烈的，俄国的前途在哪里？俄国革命怎样继续深入进行？各种观点和意见在社会主义革命联盟阵营内部"斗争"也是异彩纷呈的。无论怎么说，当时谁是谁非，列宁对"国家与革命"问题的深入思考，并集汇成小册子发表，无疑起到了统一"无产阶级专政"思想，凝聚和坚定"社会主义革命"力量的作用。

另一方面，"考茨基主义"对马克思主义的歪曲要巧妙得多。"在理论上"，它既不否认国家是阶级统治的机关，也不否认阶级矛盾不可调和，但却只字不提打碎资产阶级国家机器。考茨基抹杀资产阶级国家和无产阶级国家的阶级实质，主张利用资产阶级国家机器搞"和平长入社会主义"。但是，它忽视或抹杀了以下一点："既然国家是阶级矛盾不可调和的产物，既然它是站在社会之上并且'日益同社会相异化'的力量，那么很明显，被压迫阶级要求得解放，不仅非进行暴力革命不可，而且非消灭统治阶级所建立的、体现这种'异化'的国家政权机构不可。"列宁的这个科学结论最明确地指出了无产阶级革命对待国家的态度，阐明了国家与革命的关系。马克思主义的国家学说和无产阶级革命是一个统一的不可分的整体，否定其中的任何一部分都必然导致对马克思主义的背离。

第二节　特殊的武装队伍，监狱等等

这一节根据恩格斯对国家主要成分和基本特征的分析，列宁进一步论述了国家的本质，指出国家是统治阶级压迫被统治阶级的暴力组织，军队和警察是国家权力的强力工具，揭示了国家暴力随着阶级斗争尖锐化而不断强化的规律，批判了一切否认和歪曲国家是暴力统治机关的论调。

一、特殊的武装队伍是国家的主要成分

国家的主要力量体现在哪里？而被恩格斯称为从社会中

产生又凌驾于社会之上且日益同社会异化的那个"力量"，"主要是指拥有监狱等等的特殊的武装队伍"，"常备军和警察是国家政权的主要强力工具"，这是国家之所以称为国家的缘由。

列宁分析了国家的基本特征，明确指出国家主要是指特殊的武装队伍等暴力工具。这里，列宁援引了恩格斯对国家与氏族基本特征的一个比较分析：

第一，氏族组织是按血缘来区分它的居民，国家则是按地区来划分它的国民；

第二，氏族组织有自己的自动武装组织，但没有军队、警察、监狱等专门从事统治和压迫的工具，而国家则不同。

这里，列宁着重探讨了第二个基本特征，即被恩格斯称之为国家的那个"力量"的概念，它"主要是指拥有监狱等等的特殊的武装队伍"[①]。这种特殊的武装队伍，就是那个从社会中产生但又自居于社会之上并且日益同社会脱离的力量，因而，作为特殊武装队伍的常备军和警察"是国家权力的主要强力工具"。

---

① 《列宁选集》第3卷，人民出版社1995年版，第116页。

特殊的武装队伍，是同氏族社会居民的自动武装组织相比较而言的。在原始的氏族社会里，也有武装组织，但那是居民的"自动武装组织"，只是为了防御其他氏族部落的侵袭和野兽的伤害。这种武装组织没有脱离社会，没有脱离人民，没有脱离生产劳动。但作为国家力量的特殊武装队伍，已经同社会、同人民、同生产劳动相异化了，成为一个阶级压迫另一个阶级的工具。列宁以此为出发点，批判斯宾塞、米海洛夫斯基那种把社会生活复杂化、职能分化作为需要常备军和警察的错误观点。

二、特殊的武装队伍是社会分裂为敌对阶级的必然结果

基于社会分裂为不可调和的敌对阶级这个主要的基本的事实，恩格斯分析道，如果没有这种分裂，"居民的自动的武装组织"，就其复杂程度、技术水平等等来说，固然会不同于拿着树棍的猿猴群或原始人或组成克兰社会的人们的原始组织，但这样的组织是不可能有的。这样的组织之所以不可能有，是因为文明社会已分裂为敌对的而且是不可调和的

敌对的阶级。如果这些阶级都有"自动的"武装，就会导致它们之间的武装斗争。于是国家形成了，特殊的力量即特殊的武装队伍建立起来了。特殊的武装队伍是社会分裂为敌对阶级的必然结果，是统治阶级维护其统治、镇压被剥削阶级的工具。

三、特殊的武装队伍随着阶级矛盾的激化而不断加强

特殊的武装队伍随着剥削阶级国家内部阶级矛盾的尖锐化和对外侵略竞争的加剧，而日益加强起来。欧洲和俄国历次革命经验，说明了统治阶级是怎样不断强化暴力机关的。

每次大革命在破坏国家机构的时候，我们都看到赤裸裸的阶级斗争，我们都清楚地看到，统治阶级是如何力图恢复替它服务的特殊武装队伍，被压迫阶级又是如何力图建立一种不替剥削者服务，而替被剥削者服务的新型的同类组织。

"随着国内阶级对立的尖锐化，随着彼此相邻的各国的扩大和它们人口的增加，公共权力就日益加强。就拿我们今天的欧洲来看吧，在这里，阶级斗争和侵略竞争已经使公共

权力猛增到势将吞食整个社会甚至吞食国家的高度。"①这段话最迟是19世纪90年代初期写的。恩格斯最后的序言注明的日期是1891年6月16日。当时向帝国主义的转变，无论就托拉斯的完全统治或大银行的无限权力或大规模的殖民政策等来说，在法国都是刚刚开始，在北美和德国更要差一些。此后，"侵略竞争"进了一大步，尤其是到了20世纪第二个10年的初期，世界已被这些"竞争的侵略者"，即进行掠夺的大国瓜分完了。从此陆海军备无限增长，1914年—1917年由于英德两国争夺世界霸权即由于瓜分赃物而进行的掠夺战争，使贪婪的国家政权对社会一切力量的"吞食"快要酿成大灾大难了。

列宁总结性地指出，随着国内阶级矛盾的尖锐化和对外侵略扩张步伐的加快，特殊的武装队伍会愈益得到扩大和加强。资产阶级的国家机器就是随着资本主义社会的发展而不断强化的。

---

① 《马克思恩格斯选集》第4卷，人民出版社1995年版，第167页。

第三节　国家是剥削被压迫阶级的工具

这一节列宁根据恩格斯关于国家作用的论述，从政治与经济的关系上进一步揭示国家的阶级本质，指出国家是经济上占统治地位的阶级用来剥削被压迫阶级的工具，批判了机会主义者宣扬资产阶级民主，掩盖资产阶级国家实质的谬论。

一、国家是经济上占统治地位的阶级镇压和剥削的工具

按照恩格斯的观点，由于国家是从控制阶级对立的需要中产生的，同时又是在这些阶级的冲突中产生的，所以，"它照例是最强大的、在经济上占统治地位的阶级的国家，这个阶级借助于国家而在政治上也成为占统治地位的阶级，因而获得了镇压和剥削被压迫阶级的新手段"[1]。不仅古代国家和封建国家是剥削奴隶和农奴的机关，"现代的代议制的国家"也"是资本剥削雇佣劳动的工具。但也例外地有这样的时期，那

①《列宁选集》第3卷，人民出版社1995年版，第119页。

时互相斗争的各阶级达到了这样势均力敌的地步，以致国家权力作为表面上的调停人而暂时得到了对于两个阶级的某种独立性"。17世纪和18世纪的专制君主制，法兰西第一帝国和第二帝国的波拿巴主义，德国的俾斯麦，都是如此。

列宁补充说，在开始迫害革命无产阶级以后，在苏维埃由于小资产阶级民主派的领导已经软弱无力，资产阶级又还没有足够的力量来直接解散它的时候，共和制俄国的克伦斯基政府也是如此。

二、民主共和国是资产阶级剥削和压迫无产阶级的政治形式

资产阶级民主共和国是资产阶级剥削无产阶级和广大劳动人民的更可靠的政治形式。普选制使"财富"有无限的权力，议会制是资产阶级的遮羞布，资产阶级往往以此来掩盖其压迫剥削的阶级实质。

列宁分析了国家的作用，指出国家是剥削被压迫阶级的工具。任何剥削阶级的国家，都是通过官吏来实现和维护它对劳动人民的剥削，所以，官吏也是国家机器的一个重要部分。由

于国家的阶级本质在于它是在经济上占统治地位的那个阶级的国家，因此，官吏就是在经济上占统治地位的那个阶级的政治代表。所以，由特殊的武装队伍和官吏所构成的国家机器，是经济上占统治地位的那个阶级用来镇压被剥削阶级的工具。任何剥削阶级的国家都是如此，资产阶级民主共和国也不例外。

列宁认为，民主共和制是资产阶级国家最好的政治外壳，是剥削阶级国家发展的最高形式。它主要依靠直接收买官吏和政府与交易所结成联盟这两种办法来进行间接统治。

第一，能更有效地控制国家和更可靠地运用它的权力。

直接收买官吏可以更好地为资本增殖服务。政府与交易所结成联盟，便于资产阶级从经济上控制政府。所以，列宁举了法美两国的例子论证了资产阶级如何有效运用国家权力，实现阶级剥削。因为"在民主共和国内，'财富①是间接

———————

①这里所说的"财富"是指资产阶级。资产阶级运用它的权力有两种方法：第一种是直接收买官吏。资本家把剥削所得到的剩余价值和在殖民地所攫取的超额利润，拿出一部分来分给国家官吏。这就使官吏按照资本家阶级的旨意办事，为资产阶级服务。第二种是政府和交易所结成联盟。政府和交易所结成联盟，是资本家阶级把整个政府机构用来为实现他们的权力服务。这两种方法表明，资本家既没有直接当官，也没有直接参加政府，所以说他们是间接地运用国家权力。这是实现阶级剥削最可靠的方法。

地但也是更可靠地运用它的权力的'，它所采取的第一个方法是'直接收买官吏'（美国），第二个方法是'政府和交易所结成联盟'（法国和美国）。"所以，列宁总结道：在资产阶级民主共和国中，无论人员、机构，无论政党的任何更换，都不会使这个权力动摇。

第二，通过民主途径来调整统治阶级内部各个集团的利益关系。

第三，可以通过普选制来掩盖资本主义国家的阶级实质，把政府和议会渲染为是代表"民意"的机关。

在资本主义社会里，普选制是资产阶级统治的工具。当无产阶级还没有成熟到能够自己解放自己的时候，这个阶级的大多数人仍将承认现存的社会秩序为唯一可能的秩序，因而在政治上作为资产阶级革命的左翼力量，在选举中不得不选举资产阶级的代表。

第四，可以通过操纵选举挑选自己满意的掌权者，也可以通过更换的办法来转移人民群众的不满，同时又不危及资产阶级政权本身。所以，普选制是资产阶级统治的工具。怎样对待普选制实际上是测量工人阶级成熟性的标尺。这是因为，普选制不可能而且永远不会提供更多的东西。

三、国家产生、发展和消亡的规律

列宁从上述两个方面分析了国家的阶级实质后，引用恩格斯的总结性论述，说明国家不是从来就有的，也不会永远存在下去，它只是社会发展到一定阶段的产物。它是随着生产力的发展、阶级的出现而产生，也是随着生产力的进一步发展而发展。但随着生产力的高度发展，阶级的对立和差别不可避免地要消失。随着阶级的消亡，国家也不可避免地要消亡。这就是国家产生、发展、消亡的客观规律。到了那个时候，"将把全部国家机器放到那时它应该去的地方，即放到古物陈列馆去，同纺车和青铜斧陈列在一起"[1]。当然，国家消亡必然要先经过广泛而又深刻的革命。

第四节 国家"自行消亡"和暴力革命

这一节列宁阐明马克思主义者对待国家的基本态度，论

---

①《马克思恩格斯选集》第4卷，人民出版社1995年版，第170页。

述了暴力革命是"国家消亡"的政治前提，强调指出暴力革命是无产阶级革命的一般规律。

一、恩格斯关于国家"自行消亡"的原理及机会主义者的歪曲

恩格斯在《反杜林论》中提出了关于无产阶级国家"自行消亡"的著名论断，阐明了马克思在国家消亡问题上的基本观点。列宁运用历史唯物主义探讨了资本主义制度被推翻以后，国家将要发生的变化和消亡的经济基础。

列宁指出，恩格斯主张无产阶级革命的首要任务是夺取政权，并且把生产资料变成国家财产，消灭"作为国家的国家"，即资产阶级国家，代之以无产阶级国家，铲除资产阶级国家赖以生存的经济基础，为无产阶级国家的消亡创造政治前提和经济条件。

列宁指出："在历史上必然会有一个从资本主义向社会主义过渡的特殊时期或特殊阶段"，"这个时期的国家只能是无产阶级的革命专政。"这个专政不仅是刚刚夺取政权的无产阶级镇压资产阶级反抗、巩固自己的政治统治的需要，

而且是无产阶级领导广大民众，改变生产资料资本主义私有制，建立社会主义经济制度，充分发挥无产阶级民主，尽可能快地增加生产力的总量的需要。但是，无产阶级专政的国家已经不是原来意义上的国家，而是新型民主和新型专政的国家，是过渡性质的国家。

在社会主义社会，生产资料已归整个社会所有，消灭了私人占有生产资料的不平等，实行了按劳分配的原则，体现了劳动平等和产品分配的平等，但继续通行"资产阶级权利"。所以这个阶段还需要有国家在保卫生产资料公有制的同时，来保卫劳动的平等和产品分配的平等。虽然这时已经没有什么阶级可镇压了，但是，国家还没有完全消亡。只有生产力高度发展，才能打破旧的分工，消灭体力劳动和脑力劳动的差别；个人才能得到全面发展，并把劳动变为"生活的第一需要"；才能实行"各尽其能，按需分配"。这时，人们已经十分习惯于遵守公共生活的基本规则，无需国家来制约，国家也就消亡了。所以，"国家完全消亡的经济基础是共产主义的高度发展"。

无产阶级国家在消灭私有制和阶级以后，它对社会关系的干预将会先后在各个领域中成为多余的事情而自动停止下来，对人的统治将由对物的管理和对生产过程的领导所代替，从而使国家消亡。

因此，列宁强调指出：

第一，资产阶级国家必须由无产阶级革命来消灭。

第二，自行消亡的只能是无产阶级的国家或半国家。

半国家是指无产阶级的国家。有两层次含义：（1）一切剥削阶级的国家，都是少数剥削者镇压多数被剥削者的特殊机器，这是原来意义上的国家。无产阶级在打碎资产阶级国家机器之后建立起来的国家，是对广大人民群众实行民主，对少数剥削者实行专政的工具。所以，无产阶级国家和一切剥削阶级的国家，在性质上是根本不同的，它已经不是原来意义上的国家了。正是在这个意义上，列宁称无产阶级国家为"半国家"。（2）无产阶级国家是自行消亡的国家，它在对剥削者实行专政的同时，对广大人民群众实行最广泛的民主。民主愈广泛，也就为国家消亡创造了条件。"半国家"也包含这个意思。

第三，恩格斯关于国家"自行消亡"的理论，既是反对机会主义的，又是反对无政府主义的，但首先是反对机会主义的。而且恩格斯放在首位的，是从国家"自行消亡"这个原理中得出的反对机会主义者的结论。列宁讲：可以担保，在10000个读过或听过国家"自行消亡"论的人中，有9990人完全不知道或不记得恩格斯从这个原理中得出的结论不仅是反对无政府主义者的。其余的10个人中可能有9个人不知道什么是"自由的人民国家"，不知道为什么反对这个口号就是反对机会主义者。第二国际机会主义者混淆无产阶级国家和资产阶级国家的原则区别，反对通过暴力革命消灭资产阶级国家，认为资产阶级国家也可以"自行消亡"，这是对马克思主义国家理论的庸俗化，列宁指出，这种理解"无疑意味着回避革命，甚至是否认革命"[①]，是对马克思主义的最粗暴的解释，仅仅有利于资产阶级的歪曲。

二、国家"自行消亡"和暴力革命是不可分割的

列宁具体地阐明恩格斯关于国家"自行灭亡"和暴力

①《列宁选集》第3卷，人民出版社1995年版，第123页。

革命的思想，其中心意思是：资产阶级国家是不会"自行灭亡"的，而要由无产阶级在革命中来消灭它。对资产阶级国家来说，暴力革命是不可避免的。这些思想同国家"自行灭亡"的理论是密切联系的，是一个严密的整体。但是，机会主义者却只提"自行灭亡"而不提暴力革命，或者用折衷主义手法欺骗群众，把二者结合起来，而把"自行灭亡"论摆在首位。列宁针对这种谬论，深刻地指出："资产阶级国家由无产阶级国家（无产阶级专政）代替，不能通过'自行灭亡'，根据一般规律，只能通过暴力革命。"[①]列宁针对机会主义者对马克思主义国家学说的歪曲，阐明资产阶级国家必然要通过暴力革命来消灭，自行消亡的只能是无产阶级的国家。这就清楚地表明了无产阶级政党对待国家一般问题上的正确态度。

暴力革命是无产阶级革命的一般规律。列宁指出，如果不通过暴力革命消灭资产阶级国家，就谈不上国家自行消亡。这是因为，国家本身就是一种暴力，资产阶级的统治是依靠暴力来维持的。当无产阶级对他们的统治构成威胁

① 《列宁选集》第3卷，人民出版社1995年版，第127页。

时，他们总是首先使用暴力，对无产阶级进行镇压。因此，无产阶级国家代替资产阶级国家，"根据一般规律，只能通过暴力革命"；资产阶级国家的消灭，"非通过暴力革命不可"。正是这样，列宁在当时特别强调，"必须不断地教育群众这样来认识而且正是这样来认识暴力革命，这就是马克思和恩格斯全部学说的基础"。①

列宁认为，马克思和恩格斯关于暴力革命不可避免的学说是针对资产阶级国家说的。资产阶级国家由无产阶级国家代替，不能通过"自行消亡"，根据一般规律，只能通过暴力革命。但无产阶级国家的消灭，则只能通过"自行消亡"。

列宁得出上述看法与他生活的时代分不开。当时欧洲各主要资本主义国家的劳资对立明显、社会政治动荡不断，而国与国之间的冲突导致了第一次世界大战。所以，列宁在总结欧洲革命经验，尤其是法国革命经验时非常关注社会阶级斗争，并强调马克思学说中的主要之点是阶级斗争和无产阶级革命专政。他这样鲜明地提问题：资产阶级国家的形式

① 《列宁选集》第3卷，人民出版社1995年版，第128页。

虽然多种多样，但本质是一样的——所有这些国家归根到底都是资产阶级专政。从资本主义向共产主义过渡，也会产生非常丰富的政治形式，但本质必然是一样的——无产阶级专政。

不过，列宁虽然认为无产阶级国家代替资产阶级国家非通过暴力革命不可，但他并没有忽视特殊的具体情况，即当时英国的情况。他在引证巴黎公社革命时期马克思给库格曼的信中的段落后，强调值得特别指出的是马克思打碎资产阶级国家机器的人民革命的结论只限于欧洲大陆。列宁说，马克思的这一结论在1871年是可以理解的，因为那时英国还是一个纯粹资本主义的、没有军阀并在很大程度上没有官僚的国家的典型。所以马克思把英国除外，因为当时在英国，革命，甚至是人民革命，被设想有可能而且确实有可能不以破坏"现成的国家机器"为先决条件。列宁的这一引证和关注表明，他作为杰出的马克思主义者有着学者式的冷静和细致，并不因为自己倾向于用暴力革命打碎俄国这架资产阶级国家机器而忽视当时英国有进行和平革命的可能。

在实践上，革命家列宁并未把暴力革命作为最佳或唯一的选择，盼望革命的和平发展同时也是他的一大心愿。也就在列宁写作《国家与革命》时，俄国革命局面出现了有利于苏维埃的变化。在此之前的1917年3月，布尔什维克党领导俄国工人阶级和劳动群众，利用第一次世界大战所引起的革命危机推翻了沙皇政府，取得了革命胜利。但新成立的临时政府在孟什维克和社会革命党人的支持下，却对布尔什维克进行镇压，于是引起革命形势进一步发展，苏维埃在俄国到处涌现。列宁迅即抓住这一转机，提出了新的革命的任务。他说："目前在俄国民主派面前，在苏维埃面前，在社会革命党和孟什维克党面前，出现了革命史上极为罕见的机会，也就是保证立宪会议如期召开而不再拖延、保证国家不致遭到军事上和经济上的崩溃、保证革命和平发展的机会。"列宁认为，如果苏维埃本身不动摇，就根本谈不到对苏维埃的任何抗拒。地主和资本家在科尔尼洛夫叛乱中已经受到教训，面对苏维埃最后通牒式的要求，他们会和平地交出政权。列宁这样判断："如果苏维埃掌握全部政权，现在还能够保证革命的和平发展，保证人民和平地选举自己的代表，保证各政党在苏维埃内部进行和平的斗争，保证通过实践来考验各政党的纲领，保证政权由一个政党和平地转到另一个政党手里。"列宁理智地估计到，一旦发生"一场非常残酷的流血战争，会使好多万地主、资本家和同情他们的军官丧命"，故列宁号召无产阶级不惜任何牺牲以挽救革命，并强调如果苏维埃抓住革命和平发展的最后一个机会，那么无产阶级一定会全力支持苏维埃。

由此不难看出，作为革命家的列宁具有博爱心怀：若能达到革命目的，在采用流血与不流血的手段之间，他首选的是后者。他此时不仅想免除因战争给国内带来的灾难，也设想俄国的苏维埃政府立即向一切交战国的人民提出根据民主条件缔结全面和约，以使俄国在同德国等国家作战时把所遭受到的灾难减轻到最低程度。

第二章 国家与革命
1848—1851年的经验

这一章列宁论述了马克思和恩格斯在1848—1851年革命前后，关于无产阶级必须用暴力革命打碎资产阶级国家机器，建立无产阶级专政的思想，批判了机会主义者的歪曲，发展了马克思主义关于无产阶级革命和无产阶级专政的学说。

第一节 革命的前夜

这一节列宁论述了马克思、恩格斯在1848年革命前夜提出的无产阶级专政思想，阐明了无产阶级专政的性质、任务和党的领导，指出无产阶级专政是无产阶级在历史上革命作用的最高表现。

一、马克思、恩格斯在1848年革命前夜提出的关于无产阶级专政的思想

列宁指出，马克思、恩格斯在《共产党宣言》中"国家即组织成为统治阶级的无产阶级"这句话，是对无产阶级国家所下的一个十分重要的定义，深刻地说明了无产阶级国家的阶级实质。列宁认为，这个理论同马克思、恩格斯关于无产阶级在历史上革命作用的全部学说有着不可分割的联系。这种作用的最高表现就是无产阶级专政，无产阶级的政治统治。没有无产阶级专政，既不能发挥无产阶级的革命作用，也无法完成无产阶级的历史使命。列宁认为，马克思主义关于无产阶级专政的思想包括这样一些内容：

第一，无产阶级专政的阶级基础是无产阶级。

第二，无产阶级专政是"不与任何人分掌而直接凭借群众武装力量的政权"。这里的"独掌政权"是指国家政权的性质，而不是指国家政权的成分。

第三，无产阶级专政的任务：一是"镇压剥削者的反抗"；二是"领导广大民众，即农民、小资产阶级和半无产

阶级来'调整'社会主义经济"。这两项任务在不同的时期有不同的侧重点。

第四，无产阶级专政必须由共产党进行领导。

二、批判第二国际机会主义者对无产阶级专政思想的歪曲和背离

第一，对第二国际机会主义者鼓吹的"民主的和平发展"即议会道路的批判。

马克思对无产阶级未来的国家所下的十分重要的定义，已被第二国际机会主义者忘得一干二净，因为这同他们所鼓吹的"民主的和平发展"的改良主义根本不相容。他们企图在不触动资本主义制度的条件下，实行微小的社会改良，诱骗无产阶级放弃革命斗争；他们迷信议会制度，鼓吹"民主的和平发展"的议会道路；认为无产阶级只需要通过议会斗争，就能和平地取得政权。这种修正主义谬论的实质是反对暴力革命，反对打碎资产阶级国家机器。列宁一针见血地指出：这是一种"常见的机会主义偏见和市侩幻想"，是对马克思主义国家学说的背叛，资产阶级掌握着军事官僚机构议

会只不过是资产阶级统治的装饰品。在这种条件下，无产阶级要通过选举来掌握议会的多数是完全不可能的，更不能在"议会桌上"夺得政权。

第二国际的机会主义者伯恩施坦和考茨基之流，极力反对马克思主义关于"国家即组织成为统治阶级的无产阶级"这个国家定义。在他们看来，无产阶级需要国家，而资产阶级民主共和国就是无产阶级未来需要的、最理想的国家。列宁根据马克思的思想强调指出：首先，无产阶级需要的国家，是一个"逐渐消亡""开始消亡"的国家；其次，这种国家的阶级实质是"组织成为统治阶级的无产阶级"。无产阶级需要的国家是以消灭阶级、实现共产主义为最终目的的国家。这种国家就是无产阶级专政。国家不是超阶级的组织，"国家是特殊的强力组织，是用来镇压另一个阶级的暴力组织"。

第二，对小资产阶级民主派用阶级妥协代替阶级斗争的批判。

小资产阶级民主派用阶级妥协的幻想来代替阶级斗争，所以他们对社会主义改造也抱有幻想。他们没有把实行社会主义改造的前提设想为推翻剥削阶级的统治，而只要无产阶级参加资产阶级政权并且获得多数，到那时候，作为少数的资产阶级就可以服从无产阶级的意志，实行所谓社会主义改造，使资产阶级国家机器变为无产阶级所需要的国家。列宁尖锐地指出，这是一种"小资产阶级空想"，是和机会主义超阶级的国家观点密切相连的。在资本主义制度下，占有生产资料的资产阶级和一无所有的无产阶级的利益是根本对立的，不可调和的。即使有这种无产阶级参加议会并获得多数的可能，那么垄断了表决机构的资产阶级还可以通过改变选举法，解散议会和剥夺无产阶级的权利等手段，驱逐无产阶级。甚至可以利用他们掌管的军事官僚机构，对无产阶级使用反革命暴力，实行赤裸裸的法西斯统治。"资产阶级什么都会允许，就是不允许受它压迫的阶级的组织变成国家组织"。因此，列宁说："这种空想在实践中必然导致出卖劳动阶级的利益。"

三、无产阶级在历史上革命作用的最高表现是无产阶级专政

列宁阐明和发挥了马克思和恩格斯在1848年革命前夜提

出的无产阶级专政的思想，论述了无产阶级在历史上的革命作用 "最高表现是无产阶级专政"。这一思想，可归纳为四点：

（一）无产阶级要求建立的国家就是 "组织成为统治阶级的无产阶级"。

（二）只有无产阶级才能推翻资产阶级，使自己成为统治阶级。

（三）只有使无产阶级变为统治阶级才能消灭资产阶级，实现无产阶级专政的任务。

（四）无产阶级专政必须有以马克思主义为指导的无产阶级政党的领导。

最后，列宁指出，马克思关于 "国家即组织成为统治阶级的无产阶级" 的理论同他关于无产阶级在历史上的革命作用的全部学说有不可分割的联系。

第二节　革命的总结

这一节列宁阐明了马克思总结1848年革命经验得出的结论，即运用暴力革命打碎资产阶级国家机器，并进一步论述了这一结论的重要意义。

一、马克思关于无产阶级用暴力打碎旧的国家机器的科学结论

马克思在《路易·波拿巴的雾月十八日》一文中，分析了法国资产阶级国家机器的产生和发展过程，总结了1848年—1851年革命的经验，指出资产阶级国家政权演变的趋势和实质是"使这个机器更加完备，而不是把它摧毁"。这就迫使无产阶级革命"提出破坏和消灭国家机器的任务"。列宁认为，马克思的这个结论比《共产党宣言》向前迈了一大步。"在这里，问题已经提得具体了，还提出了非常确切、肯定、实际而具体的结论；过去一切革命使国家机器更加完备，但是这个机器是必须打碎，必须摧毁的。"不打碎旧的国家机器，就不能建立无产阶级专政。所以，"摧毁"资产阶级国家机器这个结论，是马克思主义国家学说中主要的基本的东西。

考茨基主张无产阶级要"以取得议会中多数的办法来夺取国家政权"，反对暴力革命，反对打碎资产阶级国家机

器。列宁痛斥了他们的背叛行为，进一步阐明了无产阶级必须用暴力革命打碎资产阶级国家机器的理论和实践问题。

二、打碎资产阶级国家机器，首先必须消灭资产阶级官吏和常备军

最能表明国家机器特征的有两种机构，即官吏和常备军。马克思和恩格斯的著作中屡次谈到，这两种机构恰巧同资产阶级有千丝万缕的联系。官吏和常备军是资产阶级社会身上的"寄生物"，是使这个社会分裂的内部矛盾所产生的寄生物，而且正是"堵塞"生命的毛孔的寄生物。目前在正式的社会民主党内占统治地位的考茨基机会主义，认为把国家看作寄生机体是无政府主义独具的特性。经过从封建制度崩溃以来欧洲所发生的为数很多的各次资产阶级革命，这个官吏和军事机构逐渐发展、完备和巩固起来。

小资产阶级被吸收加入资产阶级政府，绝不会改变资产阶级国家的性质。还必须指出，小资产阶级被吸引到大资产阶级方面去并受它支配，在很大程度上就是通过这个机构，这个机构给农民、小手工业者、商人等等的上层分子以比较舒

适、安闲和荣耀的职位，使这些职位的占有者居于人民之上。

三、打碎资产阶级国家机器原理的重要意义

列宁概括了帝国主义时代各资产阶级国家机器演变过程的共同特征，阐明了马克思关于打碎旧的国家机器的原理对各资本主义国家的无产阶级革命是普遍适用的。

现在我们来概括地看一看19世纪末20世纪初各先进国家的历史。我们可以看到，这里更缓慢地、更多样地、范围更广阔得多地进行着同一个过程：一方面，无论在共和制的国家（法国、美国、瑞士），还是在君主制的国家（英国等），都逐渐形成"议会权力"；另一方面，在不改变资产阶级制度基础的情况下，各资产阶级政党和小资产阶级政党瓜分着和重新瓜分着官吏职位这种"战利品"，为争夺政权进行着斗争；最后，"行政权力"，它的官吏和军事机构，日益完备和巩固起来。毫无疑问，这是一般资本主义国家现代整个演变过程的共同特征。

在列宁看来，马克思关于"打碎"的结论在帝国主义时代更具有现实意义。特别是帝国主义，即银行资本时代，资

本主义大垄断组织的时代，垄断资本主义转变为国家垄断资本主义的时代表明，无论在君主制的国家，还是在最自由的共和制的国家，由于要加强高压手段来对付无产阶级，"国家机器"就大大强化了，它的官吏和军事机构就空前膨胀起来了。因此，列宁总结性地指出：现在，全世界的历史无疑正在较之1852年广阔得无比的范围内，把无产阶级革命引向"集中自己的一切力量"去"破坏"国家机器。

第三节　1852年马克思对无产阶级 专政问题的提法

这一节列宁根据马克思在1852年关于无产阶级专政的论述批驳了考茨基的错误观点，阐明马克思主义国家学说的实质是无产阶级专政。

一、马克思在1852年关于无产阶级专政问题的论述

马克思在1852年3月5日给魏德迈的信中强调指出：阶级

斗争学说是由资产阶级在他之前创立的。"至于讲到我，无论是发现现代社会中有阶级存在或者发现各阶级间的斗争，都不是我的功劳。在我以前很久，资产阶级的历史学家就已经叙述过阶级斗争的历史发展，资产阶级的经济学家也对各个阶级作过经济上的分析"[①]。他在这个问题上的新贡献有三点：

第一，阶级的存在仅仅同生产发展的一定历史阶段相联系；

第二，无产阶级反对资产阶级的阶级斗争必然导致无产阶级专政；

第三，这个专政不过是达到消灭一切阶级和进入无阶级社会的过渡。

二、是否承认无产阶级专政是区别真假马克思主义的试金石

马克思学说中的主要之点是阶级斗争。人们时常这样

[①]《马克思恩格斯选集》第4卷，人民出版社1995年版，第547页。

说，这样写。但这是不正确的。根据这个不正确的看法，往往会对马克思主义进行机会主义的歪曲，把马克思主义篡改为资产阶级可以接受的东西。因为阶级斗争学说不是由马克思而是由资产阶级在马克思以前创立的，一般说来是资产阶级可以接受的。谁要是仅仅承认阶级斗争，那他还不是马克思主义者，他还可以不超出资产阶级思想和资产阶级政治的范围。把马克思主义局限于阶级斗争学说，就是阉割马克思主义，歪曲马克思主义，把马克思主义变为资产阶级可以接受的东西。列宁根据马克思的思想和反对机会主义斗争的经验，提出"只有承认阶级斗争，同时也承认无产阶级专政的人，才是马克思主义者"。马克思主义者同平庸的小资产者（以及大资产者）之间的最深刻的区别就在这里。必须用这块试金石来检验是否真正理解和承认马克思主义。

列宁引用马克思1852年给魏德迈的信中关于阶级、阶级斗争和无产阶级专政的一段著名的论述，认为这一思想表明马克思学说和资产阶级思想家的学说的根本区别，表明马克思主义国家学说的实质，并深刻地论述和发挥了马克思的这一光辉思想。

第一，承认不承认无产阶级专政学说是区分马克思主义与机会主义的原则界限。考茨基之流反对马克思主义的阶级斗争学说，否认无产阶级专政是背叛马克思主义的典型。

第二，在资本主义向共产主义过渡的时期存在着尖锐的阶级斗争。这个时期的国家必定是新型民主的（对无产阶级和劳动人民是民主的）和新型专政的（对资产阶级是专政的）国家。

第三，在社会主义的整个历史时期无产阶级专政的必要性。

三、从资本主义到共产主义的整个历史时期必须坚持无产阶级专政

列宁认为，无产阶级专政的国家形态不同于以往任何一种私有制条件下的剥削阶级国家形态，它应当是新型民主的（对无产者和一般穷人是民主的）国家和新型专政（对资产阶级是专政的）国家。这个专政不仅对推翻了资产阶级的无产阶级是必要的，而且，对介于资本主义和"无阶级社会"，即共产主义之间的整整一个历史时期都是必要的。只有了解了这一点的

人，才算真正领会了马克思主义国家学说的实质。

列宁指出，从资本主义向共产主义过渡的整个历史时期，绝不是阶级斗争没有了，无产阶级专政不需要了。恰恰相反，这个时期"必然是阶级斗争空前残酷、阶级斗争形式空前尖锐的时期"。这是因为：第一，被推翻的剥削者并不甘心失去，他们在经历第一次严重失败以后，就以十倍的努力，疯狂的热情，百倍的仇恨投入战斗，千方百计地企图恢复他们被夺去的"天堂"。第二，小资产阶级自发势力，经常地、每日每时地、自发地和大批地产生着新的资产阶级分子。第三，工人阶级一部分、党员一部分、机关工作人员中，由于还没有完全取消的资产阶级法权和旧社会习惯势力的影响，也会不断产生蜕化变质分子。第四，由于帝国主义的存在，它们必然要进行武装干涉和阴谋颠覆活动，这是社会主义国家阶级斗争继续存在的外部条件。列宁曾经说过："在推翻资产阶级政权以后，在破坏资产阶级国家以后，在建立无产阶级专政以后，阶级斗争并不是消灭，而只是改变它的形式，在许多方面变得更加残酷。"这一时期，表现在政治、经济、思想和文化教育各个领域中的阶级斗争，是不可能停息的。这个斗争是长期的、反复的、曲折的、复杂的。这个斗争像波浪的起伏一样，高一阵，低一阵，有时候比较缓和，有时候十分尖锐。

列宁指出："一个阶级的专政，不仅对一般阶级社会是必要的，不仅对推翻了资产阶级的无产阶级是必要的，而且，对介于资本主义和'无阶级社会'即共产主义之间的整整一个历史时期都是必要的。"在这里，列宁极其精辟地阐述了在从资本主义向共产主义过渡，从阶级社会向无阶级社会过渡必须坚持无产阶级专政，别的道路是没有用的。列宁曾经指出："无产阶级专政不是阶级斗争的结束，而是阶级斗争在新形式中的继续。"这就是说，同资产阶级斗争的新的更高形式已经提到日程上来了，由剥夺统治阶级，建立无产阶级专政的简单的任务转到一个更复杂和更困难得多的巩固无产阶级专政，进而消灭一切阶级的任务。无产阶级夺取政权后，阶级敌人并不会甘心失败，他们还将在政治、经济、思想和文化教育各个领域顽强反抗，同无产阶级进行长期较量。因此必须依靠无产阶级专政这个铁一般的政权去镇压资产阶级的反抗，剥夺资产阶级的生产资料，并在政治、经济、思想、文化等一切领域内对资产阶级实行全面专政。在一切领域造成使资产阶级既不能存在，也不能再产生的条件，否则就会把对资产阶级的全面专政变成是残缺不全的。

不仅如此，从资本主义过渡到"无阶级社会"即共产主义高级阶段到来的整个历史时期，在革命发展的一切阶段，始终坚持对资产阶级的全面专政，不只是在某个阶段（比如所有制改造前）专政，而是在一切阶段，在全过程中实行对资产阶级全面专政。不这样理解，也就等于把对资产阶级的全面专政变得残缺不全，就是为资产阶级复辟准备条件。因此，只要共产主义没有实现，无产阶级专政就一天也不能削弱，就有必要继续存在和加强。对大谈什么多数和少数，什么"纯粹民主"，否认过渡时期实行无产阶级专政的必要性的考茨基之流，列宁斥责道："认为不用强迫手段，不用专政手段，便可以由资本主义过渡到社会主义，那就是极其愚昧和最荒唐的空想主义。"

第三章　国家与革命
1871年巴黎公社的经验　马克思的分析

这一章列宁根据马克思对巴黎公社经验的分析，进一步阐明马克思关于打碎资产阶级国家机器及用巴黎公社式的民主政权代替它的思想，并批判第二国际机会主义者对巴黎公社经验的歪曲，发展了马克思主义国家学说。

第一节　公社战士这次尝试的英雄主义何在？

这一节列宁根据马克思总结的巴黎公社经验，进一步论述了用革命暴力打碎资产阶级国家机器，建立无产阶级专政的理论，阐述马克思主义关于"人民革命"的思想和工农联盟的重要意义。

一、马克思主义者对待革命群众运动的态度

马克思本人对巴黎公社革命的态度有一个形成转换的过程。在巴黎公社出现以前几个月，即 1870 年秋，马克思曾经告诫巴黎工人说，推翻政府的尝试会是一种绝望的愚蠢举动。但是，当 1871 年 3 月工人被迫进行决战的时候，当起义已经成为事实的时候，尽管当时有种种恶兆，马克思还是以极其欢欣鼓舞的心情来迎接、支持和帮助这次无产阶级革命。马克思以"参加者的姿态"派专人同公社保持联系，并向第一国际各国支部发出几百封信，号召支持巴黎公社。马克思尽管看到公社所犯的错误，预见到这次革命会遭到失败，但他仍然把这次革命看成是法国工人阶级最光荣的业绩。马克思赞扬公社："将永远作为新社会的光辉先驱受人敬仰。"[①]他认真地总结了巴黎工人革命的经验教训，并依据这一经验对《共产党宣言》作了唯一"修改"。《共产党宣言》1872 年德文版序言这样写道：这个纲领"现在有些地方已经过时了"，特别是公社已经证明："工人阶

---

①《马克思恩格斯选集》第3卷，人民出版社1995年版，第81页。

级不能简单地掌握现成的国家机器，并运用它来达到自己的目的。"①使马克思主义学说随着无产阶级革命的实践而得到不断的丰富和发展。

列宁把马克思和普列汉诺夫对革命斗争的前后态度作了比较，赞赏了马克思的"进步"表现，批判了普列汉诺夫的"退缩"行为。列宁讲，马克思并没有固执己见，学究式地非难运动"不合时宜"，像臭名昭彰的俄国马克思主义叛徒普列汉诺夫那样：普列汉诺夫在1905年11月武装起义的前夕曾写文章鼓励工人、农民进行斗争，而在1905年12月起义失败以后，他却又毫不分析这次斗争的意义，这次斗争在整个革命进程中的作用以及同以往斗争形式的联系，而站在一旁指责群众，说什么"本来就用不着拿起武器"。毛泽东在中国社会主义革命和建设的伟大实践中，曾引用这一历史经验尖锐地指出："请你们看看马克思和列宁怎样评论巴黎公社，列宁又怎样评论俄国革命的情况吧！""你们看见列宁怎样批判叛徒普列汉诺夫，批判那些'资本家老爷及其走狗'，'垂死的资产阶级和依附于它的小资产阶级民主派的

---

① 《马克思恩格斯文集》第2卷，人民出版社2009年版，第5—6页。

猪狗们'吗？如未看见，请看一看，好吗？"[1]

巴黎公社的伟大实践给马克思提供了反省理论的机会。列宁指出，马克思由此收获了"三个看到"。即马克思从这次群众性的革命运动（虽然它没有达到目的）中看到了有极重大意义的历史经验，看到了全世界无产阶级革命的一定进步，看到了比几百种纲领和议论更为重要的实际步骤。分析这个经验，从这个经验中得到策略教训，根据这个经验来重新审查自己的理论，这就是马克思为自己提出的任务。

马克思连续用"三个何等"对"冲天的"（他的用语）公社战士的英雄主义作了讴歌。当时他在给路·库格曼的信中满腔热情地赞扬说："这些巴黎人，具有何等的灵活性，何等的历史主动性，何等的自我牺牲精神！"[2] "历史上还没有过这种英勇奋斗的范例"。列宁认为，马克思对公社的评价是他给库格曼的书信中的精华。"我们希望每个俄国社会民主党人，每个识字的俄国工人都把这封信当作座右铭"。马克思为我们树立了正确对待革命群众运动的光辉典范。

---

① 毛泽东：《关于如何对待革命的群众运动》，1959年8月15日毛泽东手稿，新华网2007年6月11日。

②《马克思恩格斯书信选集》，人民出版社1962年，第287页。

列宁论述的革命者应如何对待群众运动的问题对我国社会主义革命和社会主义建设都是极为重要的。巴黎公社的历史经验证明，要取得无产阶级革命和无产阶级专政的胜利必须依靠千百万群众的革命积极性。因此如何对待革命的群众运动就成为马列主义与机会主义、修正主义长期斗争的焦点之一。毛泽东十分强调人民群众的伟大作用，为我党制定了一条放手发动群众、紧紧依靠群众、由群众自己起来斗争，自己解放自己的马克思列宁主义路线，坚决同修正主义否定人民群众的作用、破坏群众运动的行为进行不调和的斗争。

二、巴黎公社的实践表明打碎资产阶级国家机器原理的正确性

巴黎公社，这个人类历史上出现的第一个无产阶级政权，虽然只存在过72天，但它的伟大革命实践充分地检验和证明了马克思在1848年革命时期提出的打碎资产阶级国家机器的原理是完全正确的，是颠扑不破的真理。巴黎公社失败的原因之一，恰恰在于对打碎官僚军事国家机器和资产阶级政权的认识和决心不够。马克思正是根据1871年革命的经验，重新审查

了自己的理论。马克思在《法兰西内战》一书中就提出了"工人阶级不能简单地掌握现成国家机器，并运用它来达到自己的目的"这一论断，马克思和恩格斯认为，巴黎公社的这个主要的教训具有非常重大的意义，所以他们在1872年再版《共产党宣言》时，把这一原理写进序言里。而机会主义者把马克思的这一论断歪曲为不是主张夺取政权，而是缓慢地进行发展。对此，列宁明确指出："马克思的意思是说工人阶级应当打碎、摧毁'现成的国家机器'，而不是简单地夺取这个机器。"

列宁援引了马克思1871年4月12日给库格曼的信。信中写道："法国革命的下一次尝试再不应该像以前那样把官僚军事机器从一些人的手里转到另一些人的手里，而应该把它打碎。""把官僚军事国家机器打碎"这几个字，已经简要地表明了马克思主义关于无产阶级在革命中在对待国家方面的任务问题的主要教训。

三、打碎资产阶级国家机器是无产阶级革命的一般规律

打碎资产阶级国家机器的原则是普遍适用的。马克思曾

经把官僚军事制度还没有获得充分发展的英国和美国，设想为是"有可能"例外的国家。马克思"把他的结论只限于大陆。这在1871年是可以理解的，那时英国还是一个纯粹资本主义的、没有军阀并在很大程度上没有官僚的国家的典型"。但到了第一次世界大战时，英美两国也"已经完全滚到用官僚军事机构来支配一切、镇压一切的一般欧洲式的污浊血腥的泥潭中去了"。所以，列宁得出结论：无论在英国或美国，都要以打碎、破坏"现成的"……"国家机器"，作为"任何一次真正的人民革命的先决条件"。必须摧毁现成的国家机器这一结论，当时无论在英国或美国，都不再有例外了。

四、打碎资产阶级国家机器是真正的"人民革命"的先决条件

破坏官僚军事机器是"任何一次真正的人民革命的先决条件"。人民革命就是大多数人都站起来，给整个革命的进程打上自己的烙印，提出自己的要求，自己尝试着按照自己的方式建立一个新的社会，用它来代替正在被破坏的旧社会。而且，只有把无产阶级和农民都包括进来的革命，才是人民的革命。

1871年，欧洲大陆上任何一个国家的无产阶级都没有占人民的大多数。当时只有把无产阶级和农民都包括进来的革命，才能成为真正把大多数吸引到运动中来的"人民"革命。当时的"人民"就是由这两个阶级构成的。这两个阶级因为都受"官僚军事国家机器"的压迫、摧残和剥削而联合起来。打碎这个机器，摧毁这个机器，……这就是"人民"，人民的大多数，即工人和大多数农民的真正利益，这就是贫苦农民同无产者自由联盟的"先决条件"。因此，工农联盟具有特别重要的意义。而没有这个联盟，民主就不稳固，社会主义改造就没有可能。

第二节　用什么东西来代替被打碎的国家机器呢？

这一节列宁根据马克思对巴黎公社经验的分析，着重论述了公社用人民的武装取代资产阶级的常备军和警察，用人民的勤务员取代资产阶级的官吏等措施的实质和意义；阐明和发挥了马克思关于用巴黎公社式的无产阶级专政来代替打碎的资产阶级国家机器的原理，论证了无产阶级民主的重大意义。

一、巴黎公社是代替资产阶级国家机器的新型无产阶级国家

无产阶级用什么来代替被打碎的资产阶级国家机器呢？列宁说马克思在《共产党宣言》中只是指出了这个任务，没有指出解决任务的方法。为什么马克思当时没有回答这个问题呢？列宁说"马克思并没有陷于空想，而是期待群众运动的经验来解答"。这是因为那时无产阶级还没有这方面的实践。这个问题，只是在马克思科学地总结了巴黎公社的经验之后才得以解决的。

马克思在《法兰西内战》中集中批判了资产阶级国家机器的实质。马克思指出：法国中央集权的国家机器，起源于封建社会的君主专制时代。这个集权制曾经充当了新兴资产阶级反对封建割据制度的有力武器。资产阶级借助无产阶级的力量，顺应历史的发展，清除了妨碍资本主义经济发展的障碍，建立起与资本主义经济基础相适应的资产阶级专政。这个建筑在资本家私有制基础上的政权，仍然是凌驾于

社会之上的特殊力量。因此，它一建立就是反对无产阶级和劳动人民的工具。最初由于封建复辟势力的威胁，它对无产阶级的压迫并没有完全暴露出来。但是，随着资本和劳动之间阶级对抗的发展，随着无产阶级反对资产阶级斗争的不断深化，"国家政权也就愈益具有压迫劳动的公共权力的性质，具有阶级统治机器的性质"。在每次标志着阶级斗争的一定进步的革命以后，每当工人发起的革命运动触及资产阶级要害时，"国家政权的纯粹压迫性质就愈益公开地显露出来"，特别是1848年资产阶级镇压法国工人阶级六月起义以后，这个政权已经公开地、露骨地、无耻地成为"资本对劳动作战的全国性武器"。而军事独裁的"第二帝国把这种情况固定下来了"。这个代表资产阶级利益的政权，是镇压无产阶级的最腐朽形式，因此无产阶级绝不能用它来获得自身的解放，必须把它打碎、摧毁。

马克思在《共产党宣言》中只是提出以"无产阶级组织成为统治阶级"和"争取民主"来代替资产阶级国家。可是，马克思在《法兰西内战》一书中说，巴黎公社是用来代替被打碎的国家机器的无产阶级社会主义共和国的一种形式。马克思在《法兰西内战》一书中对公社的经验做了极仔细的分析，明确指出："公社就是帝国的直接对立物。"这就说明了公社是根本不同于法兰西第二帝国的新型国家。巴黎公社是在打碎了法兰西第二帝国这个资产阶级国家机器之后建立起来的无产阶级国家的政治形式。所以，公社是与资产阶级国家根本不同的新型的无产阶级专政的国家。"公社是由无产阶级革命'终于发现的'、可以使劳动在经济上获得解放的形式"。这个发现解决了无产阶级用什么代替已被打碎的国家机器的重大问题，极大地发展了马克思主义的国家学说。

早在1848年革命时，法国无产阶级就有推翻资产阶级统治的明确意图，由于历史条件的限制，这个愿望没有实现。但是，无产阶级绝不放弃这个目的。阶级斗争的发展和尖锐化推动了无产阶级去摧毁第二帝国，建立自己的无产阶级国家。所以，巴黎公社并不是偶然的，而是阶级斗争发展的必然趋势。它正是不仅应该消灭阶级统治的君主制形式，而且是消灭阶级统治本身，消灭一切阶级的无产阶级专政的国家形式。公社的成立，标志着"无产阶级组织成为统治阶级"

的时代已经开始了。

巴黎公社用武装的人民代替常备军和警察，用为人民服务的公仆代替官吏，对公职人员实行选举制、监督制、撤换制，公职人员领取同普通工人一样的工资等。这说明，巴黎公社是建立在被打碎的旧的国家机器基础上的新型民主国家，这种新型民主国家就是无产阶级专政。

巴黎公社的具体措施主要有六条：

第一，废除资产阶级的常备军，用武装的人民来代替。

第二，对一切公职人员实行全面的选举制和撤换制。

第三，废除官吏的一切特权，取消高薪制，公社的一切公职人员都只应领取相当于工人工资的薪金。公社规定任何公职人员年工资不得超过六千法郎（相当于法国当时熟练工人的工资）。

第四，废除资产阶级的旧警察，建立人民的治安委员会。

第五，摧毁剥削阶级加在人民身上的精神压迫工具，即僧侣势力，实行宗教同国家、学校分离。

第六，废除资产阶级的旧法官，建立人民的司法制度。

所有这些，说明公社不是简单地掌握现成的国家机器，而是用无产阶级新型的国家机器去代替已被打碎的旧的国家机器，它表明了国家性质的根本变化，表明了巴黎公社是无产阶级专政的国家政权。

二、巴黎公社所采取的革命措施的实质和意义

根据当时的历史条件，列宁认为，废除常备军，对公职人员实行选举制、监督制和撤换制，并把他们的薪水降低到普通工人的工资水平，这一系列措施具有重大的意义：

第一，巴黎公社由资产阶级民主变成了无产阶级民主，由少数剥削者压迫大多数人民的政权变成了人民群众镇压自己敌人的政权。

第二，巴黎公社由于取消了常备军和官吏这两大开支，进而实现了农民所渴望的廉价政府。马克思指出，"国家必须限制自己的开支，即精简政府机构，缩小其规模，尽可能减少管理范围，尽可能少用官吏，尽可能少干预公民社会方面的事务"。

列宁在强调了这些措施的意义后指出：这些民主措施"完全可以把工人和大多数农民的利益结合起来，同时也就

会成为从资本主义过渡到社会主义的桥梁"。但是，这些措施只有"同变生产资料资本主义私有制为公有制的措施联系起来，才会显示出全部意义"。

第三节　取消议会制

这一节列宁根据马克思的论述，阐明了无产阶级专政国家的政权形式不应当是资产阶级议会式的清谈馆，而应当是巴黎公社式的同时兼管立法和行政的工作机关。

一、资产阶级议会制的本质

巴黎无产阶级的英勇尝试告诉我们：巴黎公社是用来代替资产阶级国家机器的政治形式。那么，这个使劳动人民获得解放的政治形式区别于资产阶级议会制的重要特征是什么？列宁引用了马克思在《法兰西内战》中的有关论述，精辟地阐明了无产阶级统治形式的重要特点，无情地揭露了资产阶级议会制的虚伪性和反动本质。

马克思指出"公社不应当是议会式的机构，而应当是同时兼管立法和行政的工作机构"。这里所说的议会就是资产阶级政权的组织形式，它是资产阶级所吹嘘的"民主""自由"的标榜物。一般资本主义国家把议会称为国会，它有议论政事、制定法律、监督行政的权力。表面上它是选举的，似乎是代表"全民意志"的，但是，它不参与行政和司法，没有决策国家大事的实际权力。这就表明，议会只不过是资产阶级用来欺骗无产阶级的工具。实际上，行政权、司法权、立法权是不可分割的政治统治权。资产阶级的"三权分立"只不过是权力的分工，而不是分权。他们就是用这种方法欺骗人民，麻痹人民，维护他们的腐朽统治的。

公社废除了这种"三权分立"的议会制，在公社委员会下面分设几个委员会。政策、法令都是由公社委员会讨论决定的。这样就使公社成为名副其实的代表人民利益的工作机关，从组织上保证了人民当家作主。

资产阶级议会制的本质是："每隔几年决定一次究竟由统治阶级中的什么人在议会里镇压人民、压迫人民——这就是资产阶级议会制的真正本质，不仅在议会制的君主立宪国内是这样，而且在最民主的共和国内也是这样。"然而，

"摆脱议会制的出路，当然不在于废除代议机构和选举制，而在于把代议机构由清谈馆变为工作机构"。这同时，也说明了无产阶级专政国家的政治形式"应当是同时监管立法和行政的工作机关"。这就指出了资产阶级议会和无产阶级政权机关的本质区别。可是马克思对议会制的这个"卓越批评"却被第二国际机会主义者"忘记"了。他们是崇拜资产阶级议会民主的"议会迷"，硬说对议会制的任何批评都是"无政府主义"。这说明第二国际机会主义者在对待资产阶级议会制的问题上彻底背叛了马克思主义。

列宁指出，马克思主义者对待资产阶级议会制的态度与机会主义者和无政府主义者截然不同。机会主义者认为资产阶级议会制是完美无瑕、神圣不可侵犯的，是批评不得的；无政府主义者却简单地把议会制看成是"畜圈"，反对无产阶级和广大人民在革命条件不成熟时，利用资产阶级议会进行革命斗争。而马克思主义者则认为，在一定的条件下，即当革命条件还不成熟的时候；无产阶级可以而且应当利用议会讲坛揭露资产阶级的反动性，提高人民的觉悟，积蓄革命的力量。同时，马克思主义者又从根本上否定资产阶级议会制，认为一旦革命形势到来，无产阶级就应该毫不犹豫地采用暴力手段打碎资产阶级国家机器，废除资产阶级议会制，建立无产阶级专政。

二、必须用巴黎公社式的机关代替资产阶级议会制

资产阶级议会是资产阶级统治的装饰品和屏风，它只不过是资产阶级专门为愚弄人民而设立的清谈馆，它完全从属于政府，真正的权力都集中在大资产阶级操纵的政府手中。列宁考察了美国、瑞士等资产阶级议会制国家，特别是联系俄国二月革命后，孟什维克和社会革命党人参加资产阶级临时政府的事实，进一步揭露了资产阶级议会制的反动实质。列宁说，任何一个资产阶级议会制的国家，政府里不断更换角色为的是让更多的官吏依次享受高官厚禄。"那里真正的'国家'工作是在幕后做的，是由各部、官厅和司令部进行的。议会专门为了愚弄'老百姓'而从事空谈。"列宁指出，无产阶级专政的国家，应当把代议机构由清谈馆变成真正的工作机构。巴黎公社已经提供了这个实践经验。

巴黎公社则是与资产阶级议会完全不同的工作机关。在公社中，处理国家事务的将不是几个特别机关，而是国家的全体成员。被人民推选出来的公社委员再不是从事空谈，而是"亲自工作，亲自执行自己通过的法律，亲自检查在实际生活中执行的结果，亲自对选民负责"。这样，虽然代议机构存在，但是"作为立法和行政的分工以及议员们享有特权的议会制"已经不存在了。同时也表明了公社仍然要靠代议机构来实现民主，因为任何民主都是与对一定阶级的专政并存的，而专政只有通过一定的权力机构才能体现出来。"如果没有代议机构，那我们就很难想象什么民主"。因此列宁强调指出："如果我们对资产阶级社会的批评本是空谈"，则不是像机会主义者的那种骗取工人选票的"竞选"词句，而是真正从革命利益出发，"那我们可以而且应当不要议会制。"马克思在谈到无产阶级民主所需要的那种代议机构时，就曾拿"任何一个工厂主"雇用"工人、监工和会计"来加以比喻，说明它的职能是与资产阶级议会有着本质的区别的。

三、无产阶级必须建立新的管理机关代替被打碎的官僚机构

马克思称为具有监工和会计职能的无产阶级国家机构，并不是马克思凭空虚构和幻想出来的。这是马克思以历史唯物主义和辩证唯物主义观点，把无产阶级革命的过程"作为一个自然历史过程来研究"，又在巴黎公社实际经验的基础上得出的科学结论。那么，这样的机构如何形成，应该怎样为无产阶级专政服务呢？列宁依据马克思的论述，说明了这个问题。

无产阶级要完成自己的历史使命，必须要有自己的管理机构，没有管理机构是不行的。列宁在这里提出一个很重要的思想，即无产阶级成为统治阶级后，应当以全社会的名义雇佣"技术人员、监工和会计"，废除"长官职能"，只不过无产阶级所需要的管理机构，是不允许公职人员享有任何的特权的。

第一，这种新的管理机构应该以资本主义创造的成果来组织大生产，建立起严格的铁的纪律。

第二，国家公职人员不仅要对人民负责，领取相当于普

通工人的工资，而且要接受人民的监督和制约，不合格的可以随时撤换。

无产阶级需要管理机构，只不过管理机构的性质完全变了，是代表人民利益并完全按照人民旨意办事的机构，摆脱了旧机构的官僚性。正如马克思在《法兰西内战》中所指出的那样："旧政府权力的纯粹压迫机关应该铲除，而旧政府权力的合理职能应该从妄图驾驭社会之上的权力那里夺取过来，交给社会的负责的公仆。"

第四节　组织起民族的统一

这一节列宁论述了无产阶级专政国家的政权结构和组织原则，提出必须按照民主集中制原则，建立统一的无产阶级共和国来代替资产阶级官僚集中制的国家。

一、无产阶级国家是按照民主集中制原则建立起来的

任何国家的政权形式都是通过一定的组织原则体现出来

的。资产阶级国家的组织原则是官僚集中制，它完全适应资产阶级独裁统治的需要。无产阶级绝不能用它来组织自己的统治。那么，无产阶级应该建立怎样的国家政权结构以适应自己的需要呢？列宁引用了马克思对巴黎公社组织原则的分析，说明了必须在民主集中制的基础上，建立无产阶级民主集中制的统一的全国政权。

马克思指出：公社的组织纲要已经说明，公社应该成为全国各级政府，"甚至是最小村落的政治形式"。巴黎的全国代表会议，应该是自下而上的，由各级公社组织选出代表，按民主集中制原则组成。但是各个基层公社的建立绝不意味着中央政府施行统一领导的职能被废除。相反，对于"中央政府的为数不多然而非常重要的职能，则不应该废除"，而是应该交给由各基层公社选出的真正代表工人阶级利益的中央委员会负责。这样，既加强了中央集中统一领导，又充分发挥了地方政权的积极性。

马克思在这里虽然没有明确提出民主集中制的原则，但是他却以强调"组织民族的统一"来说明了这一点。他指出，"民族的统一不是应该消灭，相反地应该借助于公社制度组织起来"。所谓民族的统一，就是借助于一定制度组织起来的国家的统一。资产阶级也宣称，他们建立的官僚集中制的国家政权就是组成民族的统一，这完全是骗人的鬼话。在资产阶级国家中，少数资产者掌握着国家政权并借助这个政权凌驾于民族和社会之上。他们根本不是社会与民族的代表，而是同民族根本对立的、奴役和压迫广大劳动人民的"吸血鬼"。马克思说他们所掌握的"这个国家政权只不过是民族躯体上的寄生赘瘤"，只能使民族与社会日益灾难深重，却根本不能组成什么民族的统一。因此，"旧政府权力的纯粹压迫机关应该铲除"，而把国家权力的合理职能夺回来"交给社会的负责的公仆"。①这是实现民族统一的唯一办法，只有这样，才能真正实现民族的统一，国家的统一。

二、批判机会主义者对马克思主义民主集中制思想的歪曲

伯恩斯施坦之流对马克思关于消灭寄生物国家，铲除

---

①黑龙江大学哲学系：《〈国家与革命〉初释》，黑龙江人民出版社1976年版，第105页。

资产阶级官僚集中制，按民主集中制的原则建立无产阶级国家政权的论述，蓄意歪曲，硬说马克思不要集中制，不要国家，而主张"十分类似蒲鲁东主张的联邦制"，甚至诬蔑说"他们的思维过程是再接近不过的"，等等。列宁无情地揭露了伯恩施坦的捏造，指出，把马克思关于"消灭国家政权——寄生物"的观点同蒲鲁东的联邦制混为一谈，把打碎资产阶级国家机器看成是消灭集中制，是骇人听闻的歪曲。并着重阐明了无产阶级的民主集中制同联邦制资产阶级官僚集中制的原则区别。

列宁批评机会主义者根本不会革命地思考，根本不会思考革命。机会主义者所想到的，只是在自己周围、在充满市侩的庸俗习气和"改良主义的"停滞现象的环境中他所看到的东西。马克思关于公社经验的论述中根本没有一点联邦制的痕迹。他们竟把"联邦制"强加在马克思头上，把他同无政府主义的始祖蒲鲁东混为一谈。而想成为正统派马克思主义者、想捍卫革命的马克思主义学说的考茨基和普列汉诺夫却对此默不作声！这就是考茨基主义者和机会主义者极端庸俗地认识马克思主义同无政府主义的区别的根源之一。马克思和蒲鲁东相同的地方，恰巧是机会主义者伯恩施坦看不到的。而马克思和蒲鲁东不同的地方，恰巧是伯恩施坦认为相同的。[①]

列宁总结指出，马克思和蒲鲁东相同的地方，就在于他们两人都主张"打碎"现代国家机器。马克思主义同无政府主义（不管是蒲鲁东或巴枯宁）这一相同的地方，无论机会主义者或考茨基主义者都不愿意看见，因为他们在这一点上离开了马克思主义。

三、民主集中制同联邦制、资产阶级官僚集中制有根本的区别

列宁指出，无产阶级必须消灭资产阶级国家，但不消灭民族的统一，不消灭集中制。相反，无产阶级在打碎资产阶级国家机器之后，要实行真正的民族统一，建立民主集中制的全国统一的共和国家，马克思主义国家学说中的集中制同蒲鲁东的联邦制具有本质的区别。蒲鲁东联邦制的特点：强调各村社的独立自由，不要任何权威和法律，不要集中统

---

①《列宁选集》第3卷，人民出版社1995年版，第157页。

一的中央政权。而马克思所主张的集中制是"无产阶级和贫苦农民把国家政权掌握在自己手中，十分自由地组织在公社内，把所有公社的行动统一起来打击资本，粉碎资本家的反抗，把铁路、工厂、土地以及其他私有财产交给整个民族、整个社会"。这就是无产阶级的彻底的集中制。

伯恩施坦之流认为集中制只能是官僚集中制，只能是从上面、只能是由官吏和军阀强迫实行和维持的东西，根本否认有自愿的集中制。列宁指出，马克思主张的集中制是"同资产阶级的即军队的、官吏的集中制相对立的自觉的、民主的、无产阶级的集中制"。

伯恩施坦为什么对马克思的观点进行歪曲和诽谤呢？列宁一针见血地指出：这是他不愿意听到消灭国家政权、铲除寄生物这样的话。这就充分暴露了伯恩施坦对资产阶级国家的迷信和对资产阶级官僚集中制的崇拜。

第五节　消灭寄生物——国家

这一节是对第三章的总结。列宁进一步论述了马克思提出的巴黎公社是无产阶级获得解放的政治形式的思想，并简要地说明了马克思主义国家学说的形成和发展的历史。

一、巴黎公社是无产阶级专政国家的政治形式

巴黎公社是在无产阶级革命运动中出现的崭新事物，是新的历史创举。列宁在第二、三、四节中，具体地论述了巴黎公社是在摧毁了资产阶级国家机器的基础上，建立起来的无产阶级专政的新型国家政权。

马克思在总结巴黎公社经验的基础上，对公社作了高度评价，阐明了公社的阶级实质。马克思指出，公社和历史上出现的新生事物一样，遭到了人们的曲解，"被误认为是对旧的，甚至已经过时的社会生活形式的抄袭"。然而"这个摧毁现代国家政权的新公社"，无疑是"新的历史创举"。它与历史上已经过时的社会生活形式有着本质的区别，它并不同于欧洲中世纪的公社。中世纪的公社，是资产阶级在封建社会中，通过赎买或战争从封建领主手里争得的一定自治权利而建立起来的城市公社或城市共和国。而巴黎公社则是打碎资产阶级国家机器，建立的无产阶级政权；公社也不同

于分散的小邦联盟。公社更不是资产阶级在反封建中，为争取城市自治所进行的那种斗争的扩大形式，公社是铲除一切寄生物，推动历史前进的人民革命。因此，马克思赞扬公社是"把人类从阶级社会中永远解放出来的伟大的社会革命的曙光"。正是这个"新的历史创举"，打碎了凌驾于社会之上而又阻碍社会前进的旧国家，废除了官吏和军队两项巨大开支，这就把国家政权所"吞食"的一切力量归还给社会，为生产力的发展创造了条件，把法国的复兴事业向前推进了。公社不但实现了最广泛的民主，代表了广大劳动群众的根本利益，而且促进了工农联盟，为最大限度地发挥地方广大群众的创造力准备了条件。因此，公社不是恢复城市对乡村的统治，相反，工人阶级是农民利益的"天然代表者"，而农民只有在无产阶级领导下结成联盟，才能获得真正解放。除此之外，由于公社应该成为甚至最小村落的政治形式，自下而上地组成中央政府，实行民主基础上的集中，这样就发挥了地方的积极性，因此，自然会带来地方自治。这种地方自治，再不是私有制条件下，为对抗中央集权所争取的自治了。

由此可见，公社的伟大意义，就在于它打碎了资产阶级国家机器，消灭了国家政权这个"寄生赘瘤"。它是人类历史上第一次出现的和一切剥削阶级国家根本对立的崭新的无产阶级政权。

然而，马克思所总结的这次历史创举的革命经验，列宁说："恰巧在新的无产阶级大革命时代到来的时候被人忘记了。"尤其在1917年革命中，机会主义者完全抹杀和抛弃了马克思这些伟大的思想，公然反对无产阶级革命。因此，列宁强调指出：在无产阶级革命的新时代，重申马克思关于国家学说的论述，对于"使广大群众能够认识马克思主义的本来面目"，粉碎修正主义的猖狂进攻，坚持巴黎公社的革命原则，是具有重大意义的。

公社不但打碎了旧的国家机器，而且为无产阶级的政治统治提供了高度灵活的政治形式。关于这一点，"人们对公社有各种不同的解释"。例如，有的说公社实现了资产阶级提出的"廉价政府"的口号，公社彻底推翻了君主制；还有的认为，公社为共和国奠定了真正民主制度的基础等。虽然这些解释没有说到公社的实质，但是它反映了公社不仅代表了工人阶级的利益，同时也体现了小资产阶级和其他受压迫阶级的利益和要求，"证明公社是一个高度灵活的政治形式"。这一灵活性的基础是打碎资产阶级国家机器。以前的国家机器都是压迫劳动人民的，打碎旧的国家机器，反映了劳动人民的共同要求，因此，无产阶级和其他劳动人民为反对共同的压迫而联合起来。公社所以能代表劳动群众各种不同的利益，其秘密就在于："它实质上是工人阶级的政府。"这一政府的建立，是无产阶级和劳动人民反对资产阶级斗争的必然结果。它保证了劳动人民在政治上不再受压迫，在经济上使生产资料归为公有，使劳动和生产资料重新结合起来，不再遭受剥削和奴役，因此，马克思说：公社是"终于发现的、可以使劳动在经济上获得解放的政治形式"。如果不是改变旧的生产关系、使劳动者在经济上获得解放，"公社制度就没有实现的可能，而是一个骗局"。

二、马克思主义国家学说的形成和发展

马克思关于公社是"可以使劳动在经济上获得解放的政治形式"的结论，表明了马克思主义同各种机会主义派别的

根本区别。列宁分析了空想主义、无政府主义、机会主义在对待国家问题上的不同态度，阐明了只有马克思主义才能对国家问题作出正确的回答。

马克思同空想主义者、无政府主义者和第二国际机会主义者在对待国家政权问题上的根本区别是：

第一，空想主义者脱离革命斗争实践，凭主观幻想去"发现"各种政治形式；

第二，无政府主义者根本避而不谈政治形式的问题；

第三，第二国际机会主义者对资产阶级议会制的政治形式崇拜得五体投地。

这三种态度都是错误的。

空想主义者虽然能够看到资产阶级国家的某些矛盾现象，但是，由于他们不了解历史发展的客观规律，不了解资本主义生产方式的本质，看不到革命群众的历史作用，因此，他们脱离革命斗争实践，只凭自己的主观愿望去空想"可以对社会进行社会主义改造的各种政治形式"。幻想用和平方式，依靠统治阶级的恩赐实现他们的社会主义计划。

无政府主义却与此相反，他们反对一切国家和权威，根本不可能去研究国家的政治形式问题。

第二国际的机会主义者则站在资产阶级一面，对议会制崇拜得五体投地，把资产阶级民主共和国当作国家统治的最好形式，"宣布摧毁这种政治形式的任何意图都是无政府主义"。因此，他们既反对打碎资产阶级国家机器，又反对用无产阶级专政来代替它。这些形形色色的机会主义者，虽然曾经打着反对资产阶级统治的旗号，但是，由于他们不能历史地、唯物地看待社会的发展和正视现实，所以他们不仅不能真正反对资产阶级，而且在当时的历史发展环境下，面对俄国社会主义革命波澜壮阔、不可阻挡，帝国主义和反动派极其仇视，进行了联合绞杀，这些人客观上只能充当资产阶级的帮凶，成为人民革命的敌人。

无产阶级的伟大导师马克思运用历史唯物主义的观点去观察和研究全部社会历史，特别是资本主义社会发展史，亲自参加革命斗争，认真总结无产阶级斗争的经验，"从社会主义和政治斗争的全部历史中得出结论"。

列宁将马克思依据革命实践在革命发展的不同阶段得出的科学结论作了概述。

列宁指出：1848年革命前夜，马克思和恩格斯看到工人阶级已经成为一支独立的政治力量登上了历史舞台，他们根据西欧工人运动所提供的材料，在《共产党宣言》中，提出了无产阶级的历史使命将是创造一个没有阶级和阶级对立的共产主义社会，揭示了国家将随着阶级的消灭而消亡的必然规律，从而提出："国家消失的过渡形式（从国家到非国家的过渡），将是'组织成为统治阶级的无产阶级'。"但当时历史条件还没有可能提出国家消亡和无产阶级专政的政治形式的材料，因此，马克思没有空想和臆造什么结论。经过1848年革命和1851年的阶级斗争，客观上提出了新的理论材料。马克思根据这些材料，"确切地考察了法国历史"，特别是分析了1851年12月2日波拿巴政变的过程，明确指出无产阶级革命的第一步将是"打碎""摧毁"资产阶级国家机器。并于1852年，鲜明地作出了无产阶级专政的结论。但是用什么具体形式来组织无产阶级专政代替被打碎的资产阶级国家机器，马克思是期待群众运动的经验来解答的。1871年马克思分析和总结了巴黎无产阶级的伟大创举，在《法兰西内战》一书中指出，公社是"终于发现的""可以使劳动在经济上获得解放的形式"；是"应该用来代替已被打碎的国家机器的政治形式"。

当世界进入了帝国主义和无产阶级革命时代，列宁领导的俄国1905年和1917年革命，是"继续着公社的事业"。在摧毁旧的国家机器的道路上，巴黎公社"走了具有全世界历史意义的第一步，苏维埃政权走了第二步"，进一步证明了马克思主义国家学说的英明和正确。关于1905年和1917年的俄国革命的经验，列宁已经拟定了第七章的题目。但由于十月革命前夜的政治危机，革命活动的紧张，列宁没有来得及完成。

在巴黎公社起义78年之后，中国人民在以毛泽东为首的中国共产党的领导下，推翻了三座大山，摧毁了旧的国家机器，建立了中华人民共和国，实现了无产阶级专政，并创造了人民代表大会的国家政权组织形式，发展了马克思列宁主义关于无产阶级专政的学说。毛泽东指出："中华人民共和国的权力机关是各级人民代表大会及其选出的各级政府。"毛泽东特别强调指出，我们国家的性质是"工人阶级领导的以工农联盟为基础的人民民主专政的国家"。提出了人民民主专政（即无产阶级专政）的基本原理，"总结我们的经验，集中到一点，就是工人阶级（经过共产党）领导的以工农联盟为基础的人民民主专政。这个专政必须和国际革命力量团结一致。这就是我们的公式，这就是我们的主要经验，这就是我们的主要纲领"，为我们的政权建设指明了方向。①

①《〈国家与革命〉学习参考纲要》编写小组：《〈国家与革命〉学习参考纲要》，人民出版社1975年版，第107页。

第四章　续前恩格斯的补充说明

　　这一章列宁依据恩格斯在几篇著作中对巴黎公社革命经验的补充说明，进一步阐明和发展了马克思主义关于无产阶级革命和无产阶级专政的学风，捍卫了巴黎公社的革命原则。

　　列宁为什么要专门写这一章呢？一方面是因为公社失败后，面对着形形色色的阶级敌人对公社的诽谤、攻击和歪曲，恩格斯捍卫了马克思总结的公社原则，非常突出、非常有力地阐明了无产阶级对资产阶级国家的态度。另一方面是因为第二国际机会主义者伯恩施坦、考茨基之流攻击马克思主义关于无产阶级专政的学说已经过时了，胡说由于无产阶级的壮大，"街头暴动的时代已经过去了"，鼓吹"和平过渡"，并把这些修正主义观点强加给恩格斯，说恩格斯后来自己修改了过去的观点，也主张搞"和平过渡"了。恩格斯逝世以后，特别是世界进入帝国主义时代，无产阶级革命已成为直接实践的问题。因此，列宁认为有必要把恩格斯的重要论断集中地加以引述和阐明，以便使无产阶级及其政党更加清楚地认识修正主义的面目，了解和掌握马克思主义的国家学说。

第一节　"住宅问题"[①]

这一节列宁通过引述恩格斯关于住宅问题的论述，阐明了无产阶级夺取政权和建立无产阶级专政的必要性。

一、无产阶级只有夺取政权才能解决住宅和一切社会福利问题

恩格斯在《论住宅问题》中指出，资本主义制度根本无法解决住宅问题。因为住宅缺乏的现象是从资本主义生产方式中产生出来的祸害之一。在资本主义社会里，当住宅缺乏时，房租涨价，房产主便大量建造、出租住宅，使房屋的供

———————

①1871年初，德国统一后，工业迅速发展，城市人口激增，工人住宅缺乏的问题成了突出的社会问题。蒲鲁东主义者米尔伯格乘机鼓吹用"赎买"的办法，来解决住宅问题。恩格斯为了抨击德国的小资产阶级的幻想，于1872年5月至1873年1月写了三篇论住宅问题的文章。

求关系逐渐均衡。到房屋增加到一定程度，房屋多了，房租下降，房产主就少建或不建，不久住宅问题又突出出来了。所以恩格斯说，在现代社会里解决住宅问题是靠供求关系在经济上的逐渐均衡来解决的，但是这样解决之后，这个问题还会不断产生，就是说一点儿也没有解决。要真正帮助工人解决住宅缺乏问题，"就必须剥夺现在的房主"。而要做到这一点，无产阶级则必须取得政权，"只要无产阶级取得了政权，这种有关社会福利的措施就会像现代国家剥夺其他东西和占据住宅那样容易实现"。这是解决住宅缺乏的基本前提。然后通过无产阶级专政，消灭资本主义生产方式，发展社会主义经济，逐步消灭城乡对立，过渡到共产主义免费分配住宅才能最后解决住宅问题。列宁进一步阐述了恩格斯的观点，认为恩格斯在这里谈到了国家政权活动的内容。从形式上讲，无产阶级国家和资产阶级国家一样，也会"下令"占据住宅和剥夺房屋。但是，由于国家的阶级实质不同，活动内容不同，剥夺的对象也不同，因此，无产阶级不仅要夺得政权，而且还必须打碎旧的执行机构，即与资产阶级相联系的官吏机构，因为无产阶级国家要剥夺资产阶级的住宅，资产阶级的官吏机构是不会执行无产阶级国家的命令去剥夺剥夺者的。

二、社会主义生产资料与蒲鲁东主义的"赎买"办法有本质区别

恩格斯明确指出，社会主义生产资料公有制是与蒲鲁东主义的"赎买"办法完全相反的，社会主义公有制是使劳动人民成为全部住宅、工厂和劳动工具的所有者。而"赎买"的办法则是使生产资料为个体劳动者所有。在社会主义阶段，国家将把属于公有的住宅交给人民使用，人民再向国家缴纳一定的租金。土地也采取同样的办法。恩格斯所说的"消灭土地私有制并不要求消灭地租，而是要求把地租——虽然是用改变过的形式——转交给社会"，意思是，在土地属于剥削阶级所有的社会制度下，地租是对劳动人民的一种剥削形式，在社会主义制度下，由于消灭了土地私有制，建立了公有制，所以也就消灭了资本主义的地租；但是在社会主义阶段，耕种国家所有的土地，还必须向社会交纳一定的土地税。然而这与资本主义的地租有本质的区别，即已不是

剥削与被剥削的关系。蒲鲁东主义的"赎买"办法是在不触动资本主义私有制的条件下,汇集小额股份,建立"人民银行",向人民发放无息贷款使工人得到生产资料来建立作坊;工人成了作坊的主人,就可以消除失业和贫困,并迫使资本家出卖生产资料;然后把资本家的生产资料"赎买"过来,就可以消除资本剥削,使每个人都能获得"自己劳动的十足收入"。没有房子住的工人只要用房租抵偿了房屋的造价,就成了房屋的所有者。这样依据资产阶级国家就可以实现"永恒正义"的"理想世界"。

三、社会主义阶段要合理地分配住宅须有无产阶级的国家政权

列宁指出,在无产阶级专政的国家中,把公有住宅分配给每个家庭使用时,要规定分配的标准,征收租金,还要实行监督和管理。列宁说:"没有政权就无法监督。用决议等等来监督,完全是胡说。"[①]这就要求有无产阶级国家政权机

_____

①黑龙江大学哲学系:《〈国家与革命〉初释》,黑龙江人民出版社1976年版,第118页。

构来行使权利。列宁就从住宅问题说明了无产阶级专政的必要性，并指出了到共产主义才能免费供给住宅，这是与消灭阶级与国家"消亡"紧密相连的。

第二节　同无政府主义者的论战

这一节列宁通过引述马克思的《政治冷淡主义》和恩格斯的《论权威》两篇文章中有关国家和权威问题的论点，阐明获得胜利的无产阶级政党为了对反动派实行镇压和管制，巩固革命政权，必须建立革命权威强化无产阶级专政。划清了马克思主义与无政府主义在国家问题上的界限。

一、马克思主义与无政府主义的根本分歧是要不要无产阶级专政

列宁已指出，机会主义者把恩格斯关于"国家消亡"的论述与无政府主义"在二十四小时内废除国家"混为一谈。列宁说："我们和无政府主义者都认为废除国家是目的，在这个问题上完全没有分歧。"但是，在对废除国家的条件、

怎样废除等问题上，马克思主义与无政府主义都存在着原则的分歧。无政府主义抹杀国家、政党、权威的阶级性，提出"打倒政党、打倒政权、要求人和公民的充分自由"，反对任何形式的国家，也反对无产阶级在推翻资产阶级统治后，建立无产阶级专政的国家。在他们看来，如果工人建立起自己的革命专政来代替资产阶级专政，那就是犯了侮辱原则的莫大罪行。马克思主义认为，国家、政党都是有阶级性的，我们要推翻的只是资产阶级专政的国家，在阶级消灭之前，必须建立无产阶级专政的国家。

无政府主义主张"在一天之内"废除国家。马克思主义认为，国家将随着阶级的消失而消失，只要阶级存在，无产阶级就必须暂时利用国家权力的工具、手段、方法去反对剥削者，粉碎资产阶级的反抗，最后阶级消灭了，国家才能自行消亡。

无政府主义主张依靠流氓无产阶级，采取密谋、恐怖行动，一举废除国家，反对工人阶级建立自己的武装。马克思主义认为，无产阶级必须不断积聚革命力量，采取有组织、有领导的暴力革命形式，摧毁资产阶级国家机器，建立无产阶级专政的国家。列宁指出，马克思从不反对国家将随着阶级的废除而废除，"而是反对要工人拒绝使用武器，拒绝使用有组织的暴力，即拒绝使用以'粉碎'资产阶级的反抗为目的的国家"。

马克思主义与无政府主义的根本分歧是要不要进行无产阶级革命，要不要建立无产阶级专政的国家。在这个问题上，无政府主义与机会主义是虽然不能说是一丘之貉，但"异曲同工"。无政府主义以废除国家为名，反对无产阶级革命和无产阶级专政；机会主义以鼓吹"和平过渡"来维护资产阶级国家机器，消解无产阶级革命和无产阶级专政。

二、无产阶级要巩固无产阶级专政，建立革命权威

列宁通过引述恩格斯《论权威》一文，有力地批判了无政府主义者的谬论，阐明了建立革命权威的必要性和重要性。

（1）权威和服从是社会存在和发展的必要条件。无政府主义者自命为"反权威主义者"，他们反对任何权威、任何

服从、任何权力。恩格斯指出，这是一种唯心主义的糊涂观念。无论任何社会都是有权威和服从的，没有权威和服从，就没有秩序，就不能维持社会生产。所以说权威和服从是社会存在和发展的必要条件。恩格斯以工厂、铁路、航海的轮船作例子，说明社会化大生产需要权威和服从，恩格斯说，"如果没有一定的服从"，"没有一定的权威或权力"，工厂的机器就开动不起来，各种事故就会接踵而来。所以，"想消灭大工业中的权威，就等于想消灭工业本身"。"反权威主义者"不仅在一般理论上是错误的，而且在政治上是极端反动的。他们反"权威"，就是反对执行马克思主义革命路线的第一国际对工人运动的领导作用，否认马克思主义是工人运动的指导思想。

（2）权威和自治是相对的概念。什么是权威？恩格斯说："这里所说的权威，是指把别人的意志强加于我们；另一方面，权威又是以服从为前提的。"恩格斯科学地阐明了权威的实质，即强制与服从的不对称关系。由于不对称，所以就有优势方和劣势方。优势方相对于劣势方而言，就是权威。不论是社会生产还是社会生活，权威是不可或缺的，正如恩格斯指出的那样："一方面是一定的权威，不管它是怎样造成的，另一方面是一定的服从，这两者，不管社会组织怎样，在产品的生产和流通赖以进行的物质条件下，都是我们所必需的。"①自治是同权威相反的概念，是指人们按照自己的意志行事。权威和自治是对立的统一，是相辅相成的。所谓权威和自治，都是在一定条件下，一定意义上，一定范围内说的，它们的性质及表现形式也是随着社会的发展的不同阶段而改变和发展的。随着社会化大生产的不断发展，生产和流通也日趋复杂，权威不仅越来越必需，而且范围还有日益扩大的趋势。因此，恩格斯指出，如果自治论者仅仅是说，在未来共产主义社会中，权威会缩小，只是在社会大生产要求的范围内还允许权威的存在，那也许这可以说得通。但是，他们所以闭眼不看权威存在的必要事实，只是拼命地反对"权威"这个字眼，"把权威原则说成是绝对坏的东西，而把自治原则说成是绝对好的东西，这是荒谬的"。

（3）无产阶级革命权威是十分必要的。恩格斯从权威问

---

①恩格斯：《论权威》，《马克思恩格斯全集》第18卷，人民出版社1964年版，第342页。

题的一般论述转到对国家和政治权威问题的论述。他指出，"反权威主义者"不限于反对政治权威，反对国家，而是反对任何权威。这是为什么呢？因为一般社会主义者都知道，国家以及政治权威，将在社会主义革命后而消失。在阶级社会中，权威原则表现着统治阶级的专政。所以无产阶级进行革命，必须打倒资产阶级的权威，改变权威的性质，建立无产阶级革命权威，并运用它进行社会主义革命，逐步过渡到共产主义。在共产主义社会，权威还是存在的，不过它将失去阶级压迫，阶级统治的政治性质，而变为维护社会利益和管理生产的简单职能了。可是，"反权威主义者却要求在那些产生政治国家的社会关系废除以前，一举把政治国家废除"。反权威主义者的要害，就是在阶级和阶级斗争还存在的情况下，企图把国家废除掉，并要把废除权威作为社会革命的第一个行动。

恩格斯说："无政府主义者把事情颠倒过来了。他们宣称，无产阶级革命应该从废除国家这种政治组织开始。但是，无产阶级在取得胜利以后遇到的唯一现成的组织正是国家。这个国家可能需要作很大的改变，才能完成自己的新职能。但是在这种时候去破坏它，就是破坏胜利了的无产阶级能用来行使自己刚刚获得的政权、镇压自己的资本家敌人和实行社会经济革命的唯一机构"。这就深刻地揭露了无政府主义的巨大危害性。

恩格斯又以巴黎公社的革命实践，回击无政府主义，指出无产阶级必须用武装的人民群众这个最强大、最有力的革命权威，镇压资产阶级反抗，巩固和加强无产阶级专政。巴黎公社的经验证明，公社之所以存在了72天，就是因为它运用了武装的人民这个最革命的权威。公社之所以失败，也在于它把这个权威运用得太少，没有对敌人进行有力的镇压。最后，恩格斯指出了无政府主义者反对任何权威的实质。如果他们对马克思主义的道理不懂，那只是散布糊涂观念，如果他们懂得，那就是背叛了无产阶级革命事业。总之，都是"为反动派效劳"。

三、机会主义在同无政府主义争论中，同样是反对马克思主义的

列宁进一步揭露和批判了机会主义在同无政府主义论

战中的错误，指出无政府主义者关于废除国家的观念是不革命的，他们不愿看见革命的产生和发展，不愿看见革命对暴力、权威、政权和国家的特殊任务。马克思主义者认为只有在社会主义革命把阶级消灭之后，国家才能消亡。而机会主义者却用"我们承认国家，而无政府主义者不承认"这种庸俗论调来批评无政府主义。至于承认什么性质的国家，则避而不谈，即避开了恩格斯所提出的关键问题：公社应该更多地运用国家的革命政权，即运用武装起来并组织成为统治阶级的无产阶级革命政权。对于无产阶级在革命中用暴力打碎旧的国家机器的任务，机会主义者又用庸人的口吻来敷衍，说什么"将来再看吧"。可见他们是与马克思主义立场相疏离的，列宁称之为"背叛"。因此，无政府主义者有权责备机会主义者，"背弃了对工人进行革命教育的任务"。列宁指出："无政府主义往往是对工人运动中机会主义罪过的一种惩罚。这两种畸形东西是相互补充的。"列宁说，马克思主义对无政府主义批判所采取的原则立场，正是第二国际机会主义者所反对的。

第三节 给倍倍尔的信

这一节列宁转述了恩格斯对"自由国家"这一机会主义口号的批判，阐明无产阶级之所以需要国家，并不是为了自由，而是为了镇压自己的敌人；指出无产阶级专政的国家是镇压资产阶级的工具。

一、无产阶级需要国家是为了镇压自己的敌人

1869年德国社会民主工党在它的纲领中提出要建立"自由的人民国家"的口号。1875年它和拉萨尔派合并时，在《哥达纲领》中提出要建立"自由国家"的口号。这两个口号实质上是一样都是超阶级的。恩格斯对此进行了批判。

首先，"自由国家"这个口号在理论上是荒谬的，实质上是反动的。恩格斯从字面上看，"自由国家"就是可以自由对待本国公民的国家，即具有专制政府的国家，也就是说，其实质是自由地镇压本国人民的国家。在阶级社会里不存在超阶级的国家，也不存在超阶级的自由。资产阶级需

要国家是为了镇压无产阶级的反抗，剥夺无产阶级的自由，"当无产阶级它之所以需要国家，并不是为了自由，而是为了镇压自己的敌人，一到有可能谈自由的时候，国家本身就不再存在了"。因此，所谓"自由国家"或"自由的人民国家"，纯粹是无稽之谈。列宁指出，恩格斯在给倍倍尔的信里对"自由的人民国家"的批判是马克思主义对国家问题的最精彩论述之一。"自由的人民国家"的口号起了粉饰资产阶级民主的作用。因为即使在最民主的资产阶级共和国里，人民仍然摆脱不了被雇佣的命运。任何国家都是实行镇压的特殊力量，都是不自由的。所以，不论是从国家的存在，还是从国家的消亡来看，根本不存在什么"自由的人民国家"。机会主义散布"自由的人民国家"的谬论，其目的是维护大地主、大资产阶级的联合专政，取消无产阶级革命和无产阶级专政。

其次，"自由国家"这个口号给无政府主义者对马克思主义的攻击以可乘之机。如1873年无政府主义者巴枯宁在《国家制度和无政府状态》一书中就造谣说，拉萨尔的"人民国家"口号是"马克思的理论"，并挖苦德国社会民主党人："如果他们的国家真正是人民的国家，那么为什么要把它废除呢？如果为了人民的真正解放而必须废除国家，那么他们又怎么敢把它称之为人民的国家？”[1]可见巴枯宁正是利用"人民国家"这个口号攻击马克思主义的国家学说。恩格斯指出："无政府主义者用'人民国家'这一个名词把我们挖苦得很够了。"所以，为了粉碎无政府主义者的进攻，必须批判"自由国家"这个错误口号。

二、巴黎公社是镇压资产阶级的工具

列宁针对第二国际修正主义竭力混淆马克思主义同无政府主义的原则区别，对恩格斯的"公社已经不是原来意义上的国家"这一重要论断，进一步作了具体的解释和发挥。列宁强调指出，"公社已经不是原来意义上的国家了"。这里不是说无产阶级不要国家，不要专政了，而是强调巴黎公社和资产阶级国家有本质的区别。"因为公社所要镇压的不是大多数居民，而是少数居民（剥削者）；它已经打碎了资产阶级的国家机器；居民已经自己上台来代替实行镇压的特殊

---

[1]《〈国家与革命〉学习参考纲要》编写小组：《〈国家与革命〉学习参考纲要》，人民出版社1975年版，第121页。

力量"。正是在这个意义上，列宁说公社已经不是原来意义上的国家了。

在巴黎公社这种新型国家政权出现以后，德国党内的机会主义者还鼓吹"自由的人民国家"的口号，就更加荒谬了。恩格斯还建议把国家一词全部改成"公团"。列宁认为必须考虑马克思和恩格斯的意见，坚持无产阶级专政，以便更接近真理，以便清除对马克思主义的歪曲而恢复马克思主义，以便更正确地指导工人阶级争取自身解放的斗争。

第四节　爱尔福特纲领草案批判①

这一节列宁根据恩格斯对德国社会民主党在国家结构问题上的机会主义观点的批判，论述了无产阶级对资产阶级民主共和国应采取的基本态度，以及无产阶级要求建立统一的民主集中制共和国的问题。

---

①1891年，德国社会民主党爱尔福特代表大会召开之前，倍倍尔和李卜克内西起草了一个纲领草案，即《爱尔福特纲领草案》。虽然这个纲领草案比《哥达纲领》前进了一步，但仍存在严重的机会主义错误。主要是对机会主义思潮作了让步，回避了无产阶级革命的根本问题。因此，恩格斯写了《1891年社会民主党纲领草案批判》一文，系统地批判了它的错误。

一、垄断资本主义绝不是什么"国家社会主义"

在《爱尔福特纲领草案批判》中，恩格斯分析了由自由资本主义向垄断资本主义过渡时期的种种变化，指出由于一些资本主义的企业联合起来组成垄断组织托拉斯，使加入托拉斯的各个独立企业完全丧失了它在生产上、商业上的独立性。因而"那里不仅私人生产停止了，而且无计划性也没有了。"这就是说，由单个资本家所经营的生产已越来越成为一种例外了。"由股份公司经营的资本主义生产，已不再是私人生产，而是为许多结合在一起的人谋利益的生产。"[1]列宁说：恩格斯这种预见是非常正确的，"这里指出了对现代资本主义即帝国主义的理论评价中最主要的东西，即资本主义变成了垄断资本主义。"可是第二国际修正主义者和资产阶级改良主义者却说什么垄断资本主义已经不是资本主义，已经可以称为"国家社会主义"。列宁对此作了有力的批判。

列宁指出，垄断组织的出现，并没有消除竞争，相反更

---

[1] 转引自黑龙江大学哲学系：《〈国家与革命〉初释》，黑龙江人民出版社1976年版，第133页。

加剧了竞争，尽管托拉斯想有计划地调节生产，但"完备的计划性当然是托拉斯所从来没有而且也不可能有的"。垄断资本主义比自由资本主义尽管有些新的特点，但本质上仍然是资本主义，因此必然使社会生产更加陷于无政府状态，所以根本不是什么"国家社会主义"，而是垄断、寄生、腐朽的资本主义。同时列宁又指出，在无产阶级看来，垄断资本主义之所以"接近"社会主义，是因为它使资本主义所固有的一切矛盾极端尖锐化，使资本主义生产社会化达到最高程度，为无产阶级革命准备了社会力量和物质基础，它"只是证明社会主义革命已经接近，已经不难实现，已经可以实现，已经不容延缓"，垄断资本主义是无产阶级社会革命的前夜。而机会主义却认为垄断资本主义不是资本主义，而是什么"国家社会主义"，客观上粉饰了资本主义，对社会主义革命也是一种消解。

二、资产阶级民主共和国是走向无产阶级专政的捷径

在资产阶级民主共和制下，仍然是资产阶级专政，丝毫没有消除资本的统治，也没有消除对群众的压迫和阶级斗

争。但是消除了封建性的君主专制制度，可以使无产阶级和资产阶级斗争扩大、展开，明朗化和尖锐化，从而使无产阶级利用这个环境发展革命力量，为建立无产阶级专政创造条件。在民主共和国下，工人阶级要获得解放，也要打碎资产阶级国家机器，建立无产阶级国家。所以列宁在分析恩格斯这一思想时指出，"民主共和国是走向无产阶级专政的捷径"。恩格斯说，"民主共和国甚至是无产阶级专政的特殊形式，法国大革命已经证明了这一点"。

三、无产阶级必须为建立民主集中制的共和国而斗争

恩格斯在谈到应该用什么东西来代替拥有反动的君主宪法和小邦分立制的德意志帝国时明确指出：'无产阶级只能采取单一而不可分的共和国的形式。'

在无产阶级专政国家的结构问题上，列宁认为：'恩格斯同马克思一样，从无产阶级和无产阶级革命的观点出发，坚持民主的集中制，坚持统一而不可分割的共和国。'当然，在民族问题存在的地方，在一定的具体历史条件下，也

115

可以建立联邦制的共和国，但也不要放弃为实现统一的民主集中制的共和国而斗争。

第五节　1891年为马克思的《内战》所写的导言

这一节列宁根据恩格斯在《法兰西内战》导言中进一步总结的巴黎公社经验，深刻论述了无产阶级必须掌握革命武装，打碎资产阶级国家机器，实现无产阶级专政，防止无产阶级专政国家蜕化变质等光辉思想。列宁认为，恩格斯的这个总结"完全可以称为马克思主义在国家问题上的最高成就"。

一、无产阶级必须掌握革命武装

被压迫阶级要不要掌握武装，这历来是马克思主义同机会主义、修正主义斗争的焦点。19世纪末，以福尔马尔为代表的德国党内机会主义者，迷信资产阶级的国家，鼓吹议会道路，反对被压迫阶级掌握武装，反对暴力革命。针对修正主义的这种谬论，恩格斯重新总结了巴黎公社的革命原则，有力地回击了右倾机会主义。

　　恩格斯在导言中分析了法国历次革命斗争，指出19世纪40年代以来，法国爆发的历次革命中，工人阶级总是取得胜利。胜利后，工人手中有自己的武装，也提出了自己的要求，这就严重地威胁着资产阶级的统治，这时，"掌握国家大权的资产者的第一个信条就是解除工人的武装。于是，在每次工人赢得革命以后就产生新的斗争，其结果总是工人失败"。1848年革命就证明了这一点，1870年的巴黎革命也是如此。

　　统治阶级最担心害怕的一条，就是被统治阶级手中有武器。在阶级的大搏斗中，统治阶级总是用反革命武装镇压革命，维持他们的反动统治。无产阶级要获得解放，就必须掌握武装，消灭反革命武装。所以列宁认为这个总结"真是又简短，又明了。这里正好抓住了问题的实质，也是国家问题的实质（被压迫阶级有没有武装？）"。1917年俄国二月革命后，策烈铁里在6月11日的"具有历史意义的"演说中，脱口谈出了要解除彼得堡工人武装的话。这当然是资产阶级所需要，受资产阶级赞赏的。这也就证明了策烈铁里所率领的社会革命党人同孟什维克的联盟彻底转到了资产阶级方面，反对以列宁为首的布尔什维克党，充当了资产阶级的帮凶。

二、揭露机会主义在宗教问题上对马克思主义的歪曲

宗教是与国家问题密切相关的。法国历代统治阶级，都把宗教作为奴役压迫人民的工具，僧侣与常备军、警察、官吏一样都是统治阶级的国家机器和工具。所以公社在废除了常备军和官吏这两个旧物质力量以后，立即着手摧毁精神压迫的僧侣势力，这也是公社的重要革命措施。在1891年的爱尔福特纲领中，提出"宣布宗教为私人的事情"，恩格斯是同意这个说法的。可是，德国社会民主党出于日益机会主义化，把这个有名的公式进行庸俗的歪曲，竟宣布宗教对于无产阶级政党来说也是私人的事情。这就从根本上篡改了马克思主义对待宗教的原则。

教会与国家必须分离。剥夺教会的财产，取消国家的宗教预算，教士可以过着私人清修的生活，教会与学校分离，学校对人民开放。同时还实行宗教信仰自由，每个人可信可不信，这是马克思主义对待宗教的一条原则。因为，宗教不能一下子消灭掉，要消灭宗教必须消灭产生宗教的社会根

源。公社的这一措施是有利于工人阶级彻底解放的，是对资本主义制度的有力打击。

宗教是以唯心论、有神论为基础的，与无产阶级世界观——辩证唯物主义和历史唯物主义水火不能相容。无产阶级政党和党员必须同宗教作斗争，使劳动人民从宗教压迫下解放出来。这是无产阶级政党和党员的一项任务，是革命总任务中的一部分。

恩格斯在导言中明确指出，宗教对国家来说，仅仅是私人的事情，但是对党来说绝不是私人的事情，无产阶级政党必须坚持唯物主义，反对宗教这个精神压迫工具。列宁认为恩格斯的这一论断，击中了德国机会主义的要害。

三、防止无产阶级国家机关蜕化变质

无产阶级取得统治以后，要巩固自己的统治，就必须防止国家公职人员形成特权阶层，由人民的勤务员变成骑在人民头上的老爷。恩格斯说，以往国家的特征就是社会起初由简单的分工办法，建立了一些特殊机构来维护自己的共同利益。但是，这种国家政权为了追求自己的特殊利益，由社会公仆变成了社会的主人。这些情况不论在世袭的君主国还是在民主共和国内都能看到。巴黎公社采取了一些有力的革命措施防止国家机关变质。

第一，"它把行政、司法和国民教育方面的一切职位交给由普选出的人担任，而且规定选举者可以随时撤换被选举者。"这样，无产阶级就有可能防范国家机关和公职人员搞特殊化，脱离人民群众，当官做老爷。

第二，"它对所有公职人员，不论职位高低，都只付给跟其他工人同样的工资。"有了这两项措施可以保证政府工作人员永远保持劳动人民的本色，密切联系群众。恩格斯指出，这样"即使公社没有另外给各代议机构的代表规定限权委托书，也能可靠地防止人们去追求升官发财了"。

列宁又进一步指出，要防止国家变质，必须发展民主。一旦公社实行了普选制、撤换制和普通工人工资制这些彻底民主制时，就突破了一个有趣的界限，资产阶级的民主变成了无产阶级民主制。要消灭国家，就必须使国家服务机关的职能变得非常简单，使大多数人都能参加社会管理。人人都暂时地成为"官僚"，也就没有"官僚"了。这样，使国家机关这些"光荣的"位置，成为为人民服务的岗位。不像在资本主义社会中的官吏，在台上时为资本家服务，下台后资本家在银行或股份公司内赏给他一个肥缺，把工作岗位变成捞取私利的桥梁。

无产阶级革命斗争的实践说明，被推翻、被打倒的反动阶级总是不甘心失败的，他们有时搞武装镇压和反革命叛乱，有时采取各种手段进行拉拢和腐蚀无产阶级，使国家机关工作人员的一部分变成修正主义分子、新的资产阶级分子，并通过他们改变党的马克思列宁主义路线，改变无产阶级政权的性质，从而复辟资本主义。

在十月革命后初期，列宁就指出，由于资产阶级和小资产阶级思想的包围和侵蚀，不仅会使苏维埃机关人员中产生脱离群众的官僚主义分子，而且会产生新的资产阶级分子。为了把革命继续推向前进，防止政权蜕化变质，防止国家公职人员变为新的资产阶级分子，列宁采取了一系列反对和抵制资本主义，发展社会主义革命的措施，他满腔热情地支持"共产主义星期六义务劳动"，指出它是战胜旧习惯，建设新社会的伟大创举。

四、批判对资产阶级国家的迷信和崇拜

打碎旧的国家机器，建立无产阶级专政的思想，马克思在《法兰西内战》第三章里作了充分论述。恩格斯为什么再一次重申这个原理呢？因为当时的德国对国家的迷信，以哲学方面转到了资产阶级和工人的一段意识中去了。根本的原因是资产阶级以及机会主义的反动宣传。恩格斯为了批判党内机会主义，指明工人运动的正确方向，又一次阐述了这一原理，并且指出了对国家迷信、崇拜的两点历史原因。

首先，受黑格尔哲学的影响。黑格尔的哲学是普鲁士的国家哲学，他的著作是德国法定的高等学校教科书。黑格尔认为国家是"观念的实现"，是"绝对精神"发展到高级阶段的产物。所以，国家不过是上帝在人间的统治，也就是黑格尔永恒的真理和借以实现的场所，而普鲁士王国又是这种国家的最好典型，这就掩盖了国家的阶级本质，把国家看成是超阶级的、永恒的、神圣的东西。

其次，由于人们习惯势力的影响，似乎国家是全社会公共事业和公共利益的保护者。人们一般都认为只有这些收入

极多的官吏才能处理这些事情。这就使对国家的迷信和崇拜在德国"更容易生根"。

恩格斯尖锐地指出，"实际上，国家无非是一个阶级镇压另一个阶级的机器，而且在这一点即民主共和国并不亚于君主国"。因此，胜利了的无产阶级必须彻底打碎资产阶级国家机器建立无产阶级专政。到了共产主义社会就不再需要国家，才会"把国家制度这一整堆垃圾扔掉"。列宁指出，恩格斯在这里警告德国社会民主党人，叫他们即使在共和制代替君主制的时候，也不要忘记马克思主义关于上述国家问题的原理。与此同时，应该认识，资产阶级国家的压迫形式对于无产阶级并不是无所谓的。对无产阶级革命来说，民主共和制这种"更广泛、更自由、更公开的阶级斗争形式和阶级压迫形式，能够大大地促进无产阶级为消灭一切阶级而进行的斗争"。

第六节　恩格斯论民主的消除

这一节列宁引用恩格斯关于党的名称和民主消亡的原理，进一步阐明了国家消亡也就是民主消亡。

一、关于党的名称问题

1894年德国社会民主党机关报《人民国家报》将恩格斯1871年至1875年为该报撰写的评论国际问题的文章汇编成文集出版。恩格斯为这个文集写了序言。恩格斯在这篇序言中说，他在所有的论文中全部用"共产主义者"这个名称，而不用"社会民主主义者"这个名称。这样做一方面是为了同机会主义者划清界限，因为当时法国的蒲鲁东派和德国的拉萨尔派等机会主义派别都自称为"社会民主主义者"；另一方面是因为无产阶级政党政治上的最终目的是消除整个国家，因而也消除民主，所以用"社会民主主义者"这个名称在科学上是不正确的。同时，恩格斯也指出，对真正的无产阶级政党来说，名称不确切不要紧，还可以过得去，只要党始终朝着正确的方向发展，不要被这个不科学的名称所妨碍。列宁认为，恩格斯的论述是忠于辩证法的。我们看一个党不仅要看它的名称，更重要的是要看它的纲领和路线。党的名称固然重要，但更重要的是，无产阶级政党要坚决执行马克思主义的革命路线，要领导无产阶级和革命群众同一切剥削阶级进行不懈的斗争，把无产阶级革命进行到底，直至国家消亡。正如列宁所得出的结论："党的名称问题远不及革命无产阶级对国家的态度问题重要。"

列宁在新的历史条件下，面对无产阶级革命的大好形势，建议俄国社会民主工党（布尔什维克），遵照恩格斯的建议，改变党的名称。但又由于"布尔什维克"这个名词获得了大多数被压迫阶级的荣誉，同时也证明了这个党是一个真正的"群众性的无产阶级政党"，所以这个时候，列宁提出一个"妥协办法"："把我们党称为共产党，而把布尔什维克这个名词放在括号内"。

二、国家消亡也就是民主的消亡

列宁根据恩格斯关于党的最终目的是"消除整个国家因而也消除民主"的思想，着重论述了民主的消亡问题。批判了第二国际修正主义把民主和专政对立起来，把民主和少数服从多数的原则混为一谈的机会主义谬论。列宁指出："民主就是承认少数服从多数的国家，即一个阶级对另一个阶级、一部分居民对另一部分居民有系统地使用暴力的组织。"民主是有阶级性的，在统治阶级内部实行民主，对被统治阶级实行专政，民主和专政、暴力总是联系在一起的。到了共产主义社会，阶级消灭了，没有任何必要对人们使用暴力，国家也消亡了。国家的消亡也就是民主的消亡。

列宁又指出，民主是承认少数服从多数的原则，但是民主和少数服从多数的原则不是一个东西。民主是一种国家形式，而少数服从多数是一种组织原则。当进入共产主义社会，阶级消灭了，"那个时候就没有任何必要对人们使用暴力，没有任何必要使一个人服从另一个人，使一部分居民服从另一部分居民"。这时已经发展到最完全的民主，民主也就消亡了。但是，在共产主义这个人民联合体中，少数服从多数的原则对社会生活来说还是十分必要的。这时的民主集中制原则更是建立在高度自觉的基础上的。公共生活规则的遵守，已成为共产主义一代新人的习惯，再不需要一部分居民对另一部分居民使用暴力和强制服从了。在这样的条件下，作为"国家制度这一整堆垃圾"，就将被彻底抛掉。

第五章　国家消亡的经济基础

这一章列宁根据马克思在《哥达纲领批判》中的分析，科学地论述了从资本主义到社会主义的过渡时期，共产主义第一阶段及共产主义高级阶段的某些经济和政治特征，阐明了无产阶级专政的必要性和国家消亡的经济基础。

第一节　马克思如何提出问题

这一节列宁论述马克思研究国家消亡问题的科学方法、把国家消亡同社会经济基础联系起来加以考察，提出未来共产主义的发展和国家消亡的理论根据。

一、马克思和恩格斯对国家问题的看法是一致的

列宁首先说明这个问题的目的，是为了痛斥机会主义、

修正主义对马克思主义关于国家消亡原理的歪曲。

把马克思1875年5月5日在给白拉克的信中对国家的看法同恩格斯1875年3月28日给倍倍尔的信里对国家的看法比较一下，"也许会觉得这两位伟大作家对国家的看法有很大差别"①。他们之间所以有表面上的差别，是由于马克思和恩格斯研究的问题和研究的目的不同，是从不同角度论述国家问题的。

恩格斯在3月28日写给倍倍尔的信中，严肃地批判了《哥达纲领草案》关于国家问题的一切废话。《哥达纲领草案》闭口不谈无产阶级革命和无产阶级专政，却鼓吹"力求用一切合法手段来争取自由国家"。为了纠正和避免德国党对"国家"认识的混乱不清，恩格斯建议干脆把"国家"一词从党纲中完全去掉而用"公团"来代替。这就是向人们说明，无产阶级所要争取和建立的不是"自由国家"也不是原来意义上的国家，而是巴黎公社式的无产阶级专政的国家。要达到这个目的，就必须通过暴力革命，绝不是用合法手段

①转引自黑龙江大学哲学系：《〈国家与革命〉初释》，黑龙江人民出版社1976年版，第154页。

所能达到的。巴黎公社是世界上第一个无产阶级专政的国家，第一次由大多数人掌握国家政权而镇压少数剥削者。所以，"公社已经不是原来意义上的国家了"。公社作为无产阶级专政的国家，将要逐步消灭阶级，为国家消亡创造条件，促使国家完全消亡。

马克思在5月5日给白拉克的信，对从资本主义社会向共产主义社会的过渡，作了精辟的分析和论述。在批判了《哥达纲领草案》提出的"自由国家"的荒谬主张之后，马克思提出了著名的论断，从资本主义社会向共产主义社会过渡必须经过无产阶级专政的国家。而《哥达纲领草案》，"既没谈到无产阶级的革命专政，也没谈到未来共产主义社会的国家制度"。这里，马克思所说的"未来共产主义社会的国家制度"，指的就是无产阶级革命胜利后建立的社会主义社会的国家制度。马克思根本不是说国家不会消亡，而是更具体、更明确地指出，无产阶级革命砸碎了旧的国家机器，必须建立无产阶级专政的国家。无产阶级利用这个革命专政消灭一切阶级和一切阶级差别，促使国家完全消亡。根据这些分析，列宁肯定地指出："马克思和恩格斯对国家和国家消亡问题的看法是完全一致的。"

二、马克思提出未来共产主义的发展问题是有科学依据的

马克思在《哥达纲领批判》中，运用辩证唯物主义和历史唯物主义世界观，考察了"资本主义的即将到来的崩溃和未来共产主义的未来的发展"问题。列宁论述了马克思研究这个问题的科学根据。他指出，"这里的根据是，共产主义是从资本主义中产生的，它在历史上是从资本主义中发展起来的，它是资本主义产生的那种社会力量发生作用的结果"。

马克思主义认为，生产关系必须适合生产力的发展。随着资本主义社会化大生产的不断扩大，资本主义的生产关系就不再适应生产力的发展，成了生产力进一步发展的桎梏。反映在阶级关系上，无产阶级与资产阶级之间的冲突，再也不能缓和。无产阶级是代表先进生产力的阶级，无产阶级必然要按照社会发展的规律实行社会革命，消灭私有制，解放生产力。无产阶级同资产阶级的阶级斗争，必然要导致无产

阶级专政。

无产阶级夺取政权之后，掌握着由资本主义所提供的社会化大生产的物质基础，又有经过长期阶级斗争锻炼的无产阶级队伍。有了这种物质基础和政治力量，就可以对整个的社会经济和政治思想进行改造，把生产资料私有制改变为全民所有制，逐步消灭一切阶级和阶级差别。当阶级消灭了，已经没有什么阶级需要镇压时，当社会的物质财富极大丰富，实现了"各尽其能，按需分配"时，完全的共产主义实现了，国家也就完全消亡了。

研究国家消亡，如同研究国家产生一样，必须到经济基础中去探求。马克思研究国家消亡问题，就是把共产主义的发展和国家消亡紧密联系起来进行研究的。

马克思并不陷于空想，而是遵循历史唯物主义的基本原则，揭示出了人类社会发展的客观规律，论证了共产主义社会实现的必然性，为人类社会向前发展指示了明确的方向。正如毛泽东指出的："消灭阶级，消灭国家权力，消灭党，全人类都要走这一条路的，问题只是时间和条件。"[1]我们

①毛泽东：《论人民民主专政》，《人民日报》，1949年7月1日。

今天坚持人民民主专政，正是为最终消灭阶级，达到国家消亡，实现共产主义创造条件。

三、批判机会主义的唯心主义国家观

马克思指出："人们在自己生活的社会生产中发生一定的、必然的、不以他们的意志为转移的关系，即同他们的物质生产力的一定发展阶段相适合的生产关系。这些生产关系的总和构成社会的经济结构，即有法律的和政治的上层建筑竖立其上并有一定的社会意识形式与之相适应的现实基础。"[①]马克思的论述给我们指出了经济基础决定上层建筑的原理，证明了每一个特定的社会阶段和每一个国家，都有自己的经济基础。每一个经济基础都有着与它相适应的上层建筑。经济基础变更了，全部庞大的上层建筑也就会或迟或早地发生变革，因而也必然要引起在上层建筑中起主导作用的国家的性质发生根本改变。但是，上层建筑不是消极地反映经济基础，它对经济基础有着巨大的反作用。因此，反动统治阶级能够利用国家力量暂时延缓一下腐朽的经济基础的寿

---

① 《马克思恩格斯选集》第2卷，人民出版社1995年，第32页。

命。但是，生产关系一定要适合生产力的发展，上层建筑一定要适合经济基础的需要，这是一个不以人们的意志为转移的客观规律。我们考察国家的产生、发展和消亡都不能脱离社会经济基础，否则就会陷入机会主义和修正主义。

充满拉萨尔机会主义的《哥达纲领草案》，割裂国家和社会的关系，否认作为上层建筑的国家同社会经济基础之间的联系。机会主义者空谈什么"现代社会"和"现代国家"，但却不揭露"现代社会"就是资本主义社会，"现代国家"就是资产阶级专政的国家，不是把资本主义社会当作"现代国家"制度的基础，从而掩盖资本主义国家的阶级本质。其目的在于不去触动资本主义的生产资料私有制，只要对国家政权稍作改良，争取到一个"自由国家"，无产阶级革命的目的就算达到了。

马克思严厉地批判了这种机会主义观点。马克思指出："现代社会"，就是存在于一切资产阶级国度中的资本主义社会。尽管资本主义社会在各个资产阶级国家中，程度不同地摆脱了中世纪落后的、保守的经济和专横的政治统治，由于每个国家的历史特点而发展的形态有所差异，发展的速度也有快有慢，但是，它们毕竟都是资本主义社会。"现代国家"却各不相同。普鲁士德意志帝国是半封建的军事专制国家，英国是资产阶级的立宪君主制国家，瑞士和美国则是资产阶级的联邦制共和国，所以"现代国家"只是一种虚构，它并没有反映出某一国家的实质。

马克思深刻地指出，资产阶级国家不管它们形式如何纷繁复杂，不论是君主制，还是共和制，都有一个共同特点：它们都是资产阶级专政的国家，它们都建筑在资本主义社会这个基础上。只是在资产阶级国家都具有的这些共同特征的意义消失后，才可以谈"现代国家制度"。到了共产主义社会就不同了，到那时，"现代国家制度"现在的根基即资产阶级社会已经覆灭了。那时的国家，是建筑在社会主义公有制基础上的无产阶级专政的国家。笼统地谈论"现代国家"，既不看它的社会基础，也不管它是什么阶级专政的国家，这样只能给人们一个机会主义的模糊观念。

马克思提出了一个问题："在共产主义社会里国家制度会发生怎样的变化呢？换句话说，那时有哪些同现代国家职能相类似的社会职能保留下来呢？"列宁指出，马克思运用经济基础和上层建筑相互关系的原理对这个问题作出了科学的回答，那"就是在历史上必然会有一个从资本主义向共产主义过渡的特别时期或特别阶段"，即无产阶级专政时期。空想社会主义者虽然批判了资本主义，但他们不懂得阶级斗争的理论，看不到无产阶级的伟大力量，所以得不出无产阶级专政的科学结论；害怕社会主义革命的机会主义者抹杀国家的阶级实质，空谈"现代国家""人民国家"，必然要歪曲和否定马克思主义关于从资本主义向共产主义过渡必然要有一个无产阶级专政的历史时期的科学结论。

第二节　从资本主义向共产主义的过渡

这一节列宁根据马克思的论述，进一步阐明了从资本主义向共产主义过渡的整个历史时期，必须坚持无产阶级专政。

一、过渡时期是从资本主义到共产主义的必经阶段

马克思在《哥达纲领批判》中，当批判"自由国家"这

个机会主义口号时，进一步论述了无产阶级专政的问题，提出了一个十分重要的著名论断："在资本主义社会和共产主义社会之间，有一个从前者变为后者的革命转变时期。同这个时期相适应的也有一个政治上的过渡时期，这个时期的国家只能是无产阶级的革命专政。"①马克思在这里所指的"革命转变时期"，是说从资本主义旧社会到共产主义新社会是人类历史上一次伟大的飞跃。从资本主义过渡到共产主义必须在经济、政治、思想等各方面完成一系列的根本变革，这就是社会主义的根本内容。社会主义是衰亡着的资本主义与生长着的共产主义彼此斗争的时期。这就是在资本主义社会和共产主义社会之间的革命转变时期。什么是"政治上的过渡时期"呢？在资本主义社会，资产阶级占统治地位，存在着资产阶级专政的国家。在未来的共产主义社会，阶级消灭了，国家也消亡了。从资本主义到共产主义之间，在政治上是从有国家到没有国家的过渡时期。而过渡时期还必须有国家，才能完成革命转变达到国家的消亡。过渡时期的国家就是无产阶级专政。无产阶级夺取政权，建立无产阶级专政是

①《马克思恩格斯选集》第3卷，人民出版社1995年版，第314页。

过渡时期的开始，消灭了阶级，进入了共产主义社会，才是过渡时期的结束。列宁指出，这个著名论断，是马克思根据他对无产阶级在现代资本主义社会中作为资本主义掘墓人的作用的分析，证明社会主义必然代替资本主义；根据资本主义社会政治经济发展情况的实际材料，表明阶级斗争必然要导致无产阶级专政；根据无产阶级与资产阶级利益对立不可调和的实际材料，指出整个过渡时期政治上要对资产阶级的反抗实行镇压，经济上要实行社会主义改造，必须坚持无产阶级专政。

摧毁了资本主义制度还不能立即实现共产主义。社会主义社会是从资本主义社会脱胎出来的，它在经济、政治、思想上都还残留许多旧社会的痕迹。旧社会遗留下来的三大差别将长期存在。无产阶级在彻底废除私有制的同时，还必须同旧的思想意识和传统观念实行最彻底的决裂，进行上层建筑领域里的革命，建立起与社会主义经济基础相适应的上层建筑，对资产阶级实行全面专政。这样，在整个过渡时期就必然存在着改造与反改造，革命与反革命的殊死斗争。

资产阶级的统治虽然被推翻了，但是这些人还在，这个阶级还在，他们不甘心灭亡，总是企图恢复失去的"天堂”，“并把这种希望变为复辟行动”。小资产阶级自发势力经常地、大批地、每日每时地产生着新的资产阶级分子。在资产阶级习惯势力的影响和腐蚀下，工人阶级中、党员中、国家机关工作人员中，都有发生资产阶级生活作风的，也可能产生新的资产阶级分子。资产阶级在共产党内寻找代理人，搞得不好，资本主义复辟是随时可能的。

整个过渡时期阶级和阶级斗争不仅依然存在，而且表现得空前尖锐、空前残酷。“这个过渡时期不能不是衰亡的资本主义与生长着的共产主义彼此斗争的时期，换句话说，就是已被打败但还未被消灭的资本主义和已经诞生但还非常脆弱的共产主义彼此斗争的时期”。

马克思亲眼看到，当巴黎无产阶级起来革命，建立起世界上第一个无产阶级专政的革命政权以后，整个资产阶级是怎样穷凶极恶、疯狂地向无产阶级进行反攻倒算，镇压革命的。无产阶级为了镇压资产阶级的反抗，防止资本主义复辟，把社会主义革命进行到底，为了消灭一切阶级和阶级差别，进入完全的共产主义，使国家完全消亡，因而，在整个过渡时期就必须有国家政权来保证完成这个过渡。“这个时期的国家只能是无产阶级的革命专政"。

马克思的这个思想，是随着资本主义矛盾日益激化，无产阶级革命不断深入而逐步丰富和发展起来的。早在《共产党宣言》中，马克思就提出了无产阶级专政的思想："无产阶级用暴力推翻资产阶级而建立自己的统治。"1850年，马克思在《1848年至1850年的法兰西阶级斗争》一书中，便作了明确的表述："社会主义就是宣布不断革命，就是无产阶级的阶级专政。"1852年，马克思在致魏德迈的信中又有了进一步的阐述：阶级斗争必然导致无产阶级专政，"这个专政不过是达到消灭一切阶级和进入无阶级社会的过渡"。但是，这些论断还没有明确地提出从资本主义向共产主义发展非经过一个"政治上的过渡时期"不可。现在，问题的提法同以前有些不同了，马克思明确提出了"政治上的过渡时期"问题，指出了这个时期的国家只能是无产阶级的革命专政，第一次提出了从资本主义到共产主义的过渡时期的理论。列宁认为这是马克思对无产阶级专政学说的重大发展。

毛泽东根据马克思主义关于无产阶级专政的理论和当代国际国内阶级斗争、无产阶级专政的新经验，为我党制定了一条在整个社会主义历史阶段的基本路线，他指出："社会主义社会是一个相当长的历史阶段。在社会主义这个历史阶段中，还存在着阶级、阶级矛盾和阶级斗争，存在着社会主义同资本主义两条道路的斗争，存在着资本主义复辟的危险。要认识这种斗争的长期性和复杂性。要提高警惕。要进行社会主义教育。要正确理解和处理阶级矛盾和阶级斗争问题，正确区别和处理敌我矛盾和人民内部矛盾。不然的话，我们这个社会主义国家，就会走向反面，就会变质，就会出现复辟。我们从现在起，必须年年讲，月月讲，天天讲，使我们对这个问题，有比较清醒的认识，有一条马克思列宁主义的路线。"[①]

二、资产阶级民主向共产主义发展必须经过无产阶级专政

无产阶级专政和民主的关系是怎样的呢？

列宁指出："《共产党宣言》是干脆把'无产阶级转化成统治阶级'和'争得民主'这两个概念并列在一起的。"

[①]转引自黑龙江大学哲学系：《〈国家与革命〉初释》，黑龙江人民出版社1976年版，第162页。

这就是说，在无产阶级没有掌握政权以前，民主不在无产阶级手里。无产阶级成为统治阶级之后，绝大多数人享受民主，对少数剥削分子实行专政，把他们排斥于民主之外。民主由资本主义社会到社会主义社会发生了质变，从过去少数人享受民主变为现在大多数人享受民主。

列宁指出，在资本主义社会，即使是比较完全的民主共和制，它仍然是狭隘的，暗中排斥穷人的"只是供少数人、供有产阶级、供富人享受的民主制度"。而对被压迫者来说，却意味着容许他们每隔几年决定一次究竟由压迫阶级中的哪些代表在议会里代表和镇压他们！这充分暴露了资产阶级民主是"完全虚伪和骗人的"。无产阶级是资本主义雇佣制度的奴隶，在资产阶级的残酷剥削和压迫下，连生活都难以维持，哪里还有什么民主和政治权利呢？资本主义制度本身根本把大多数居民排斥在社会政治生活之外。资本主义民主"对富人是天堂，对被剥削者、对穷人是陷阱和骗局"。

列宁指出："极少数人享受民主，富人享受民主——这就是资本主义社会的民主制度。"资产阶级在形式上承认"在法律面前人人平等"，人人有选举权。但是，只要仔细考察一下选举法的"细微的"规定，到处都可以看到对穷人的"种种限制、禁止、排斥、阻碍"。说是人人有选举权，可是选举法上又有财产金额、居住年限、文化程度的限制，一无所有的穷人怎么能同百万富翁一起参加选举呢？说是有集会自由，但集会场所都掌握在资本家手里，绝"不准'叫花子'使用！"说是有言论自由，但报纸刊物的出版都由报业托拉斯所垄断。所有这些"细微的"限制加在一起，就完全把穷人排斥在民主之外了。正如毛主席所指出的，"世界上只有具体的自由，具体的民主，没有抽象的自由，抽象的民主。在阶级斗争的社会里，有了剥削阶级剥削劳动人民的自由，就没有劳动人民不受剥削的自由。有了资产阶级的民主，就没有无产阶级和劳动人民的民主"。

列宁特别强调，资产阶级民主的阶级实质决定它不可能简单地、直接地、平稳地走向"日益彻底的民主"。因此，"向前发展，即向共产主义发展，必须经过无产阶级专政，决不能走别的道路，因为再没有其他人也没有其他道路能够粉碎剥削者资本家的反抗"。

无产阶级专政，第一次使广大劳动人民群众享受民主，但不能简单地只是扩大民主，还要对剥削者、资本家实行专政，剥夺他们的自由，用强力粉碎他们的反抗。列宁说："绝大多数人享受民主，对那些剥削和压迫人民的分子实行强力镇压，即把他们排斥于民主之外，——这就是从资本主义向共产主义过渡的条件下形态改变了的民主。"这就是无产阶级民主的实质。只有到了共产主义社会，资本家的反抗被彻底粉碎，资产阶级被消灭，阶级不再存在的时候，才能实现真正完全的民主，民主才开始消亡。到那时，人们会逐渐习惯于遵守起码的公共生活规则，而不需要暴力和强制，不需要所谓国家这种实行强制的特殊机构。

列宁总结性地评价说，恩格斯"'国家消亡'这句话说得非常恰当"。[①]因为它既表明了国家消亡是一个逐步由量变到质变的发展过程，不是突然的，又表明了国家消亡的整个过程不要任何外力强迫，不是人为地废除，是"自行"的。随着人们逐渐地习惯于遵守人们所必需的公共生活规则，而那些使镇压成为必要的现象已经逐渐消失，国家的作用也就逐渐消失了。

---

① 《列宁选集》第3卷，人民出版社1995年版，第200页。

三、资本主义到共产主义的过渡时期必须坚持无产阶级专政

列宁认为，在资本主义下存在的是原来意义上的国家，即少数剥削者镇压绝大多数被剥削者的特殊机器。在社会主义时期，实行镇压还是必要的，作为镇压特殊机器即国家还是必要的。但它已经不是原来意义上的国家，而是被剥削者多数对剥削者少数实行镇压的特殊机器，而且它在实行镇压的同时，还把民主扩大到绝大多数居民身上。

列宁归纳指出：在全世界首先是在最先进、最强大、最文明、最自由的资本主义国家目前这种由军国主义、帝国主义、对殖民地和弱小国家的压迫、全世界的帝国主义大厮杀、凡尔赛"和约"所造成的具体形势下，"凡是认为可以用和平方式使资本家服从被剥削的大多数人的意志，可以通过和平的、改良主义的道路过渡到社会主义，都不仅是市侩的极端愚蠢的想法，而且是对工人的公然的欺骗，对资本主义雇佣奴隶制的粉饰，对真实情况的隐瞒"[1]。现在的真实情

---

[1]《列宁选集》第4卷，人民出版社1995年版，第236页。

况是：最文明最民主的资产阶级，也已经不惜采取任何欺骗和犯罪的手段，不惜屠杀千百万工人和农民来挽救生产资料私有制。只有用暴力推翻资产阶级，没收他们的财产，彻底破坏全部资产阶级国家机构即议会、司法、军事、官僚、行政、地方自治等机构，一直到驱逐和关押全部最危险最顽固的剥削者，严格地监视他们，以便同他们必然进行反抗和恢复资本主义奴隶制的尝试作斗争，只有这种措施，才能使整个剥削阶级真正服从我们。

列宁认为，实行无产阶级专政的苏维埃是最能够激发群众"创造历史"主动性的国家组织。列宁讲，由于资本主义社会的经济结构，这种力量要比无产阶级在人口中所占的比重大得多。最后，只有真正摆脱了资产阶级和资产阶级国家机构的压迫，只有取得了真正自由地（不受剥削者的束缚）组成自己的苏维埃的可能性，群众即全体被剥削劳动者，才能够在历史上第一次发挥受资本主义压制的千百万人的全部主动性和活力。只有在苏维埃成为唯一的国家机构时，全体被剥削者才能真正参加国家管理，而在最文明最自由的资产阶级民主制度下，他们事实上百分之九十九的情况下仍然一直被排斥在国家管理工作之外。"只有在苏维埃里，广大被剥削者才开始不是从书本上，而是从自己的实际经验中真正地学习建设社会主义，学习建立新的社会纪律，建立自由工作者的自由联盟"①。

十月革命胜利后，列宁根据俄国无产阶级专政的革命实践，看到了资本主义复辟的危险性和阶级斗争的长期性，指出："无产阶级专政是新阶级对更强大的敌人，对资产阶级进行的最奋勇和最无情的战争，资产阶级的反抗，因为自己被推翻（哪怕是在一个国家内）而凶猛十倍。它的强大不仅在于国际资本的力量，不仅在于它的各种国际联系牢固有力，而且还在于习惯的力量，小生产的力量。因为，可惜现在世界上还有很多很多小生产，而小生产是经常地、每日每时地、自发地和大批地产生着资本主义和资产阶级的。由于这一切原因，无产阶级专政是必要的。"只有到了共产主义，没有需要镇压的阶级了，才能完全不需要国家，国家也就消亡了。

---

① 《列宁选集》第4卷，人民出版社1995年版，第238页。

第三节　共产主义社会的第一阶段

这一节列宁根据马克思的论述，着重从经济上分析了社会主义社会在经济方面的特征，认为社会主义社会是刚刚从资本主义社会脱胎出来的，它在各个方面都带有旧社会的痕迹，不可避免地存在着资产阶级权利，还不具备国家消亡的经济基础。因此，社会主义还需要国家。

一、社会主义按劳分配的客观必然性

列宁在引述马克思具体分析社会主义的科学论断以后阐明了社会主义的按劳分配原则。马克思在《哥达纲领批判》中指出，由于社会主义"不是在它自身基础上已经发展了的共产主义社会而是刚刚从资本主义社会中产生出来的共产主义社会，因此它在各方面在经济、道德精神方面都还带着它脱胎出来的那个旧社会的痕迹"。社会主义社会在经济上，生产力水平还不是极大提高，产品还不是极大丰富；在道德精神方面，还存在资产阶级思想和资产阶级法权观念的影

响，劳动还未成为所有人生活的第一需要；还存在着三大差别等等。因此，还不能实行"按需分配"，只能实行"按劳分配"的原则。

列宁根据马克思的论述，进一步指出，在共产主义社会的第一阶段——社会主义条件下，生产资料已经不是个人的私有财产，它已归整个社会所有。在这个前提下，"社会的每个成员都完成社会所必需的某一部分劳动，并从社会方面领得一张证书，证明他完成了多少劳动量。根据这张证书，他从消费品的社会储存中领取相当数量的产品。这样，除去作为社会基金的一部分劳动之外，每个劳动者就从社会方面领取的，也就相当于他对社会所贡献的"。这种人们以一种形式给予社会的劳动量，又以另一种形式全部领取回来，就是按劳分配。

二、社会主义"按劳分配"仍存在资产阶级权利

列宁根据马克思在《哥达纲领批判》中的分析，指出共产主义社会第一阶段，即社会主义社会的基本经济特征是：第

一，消灭了剥削制度，实行生产资料公有制。第二，实行"按劳分配"的原则。经济上按劳分配的平等，有着巨大的优越性。

同时，列宁又着重分析了社会主义的分配原则。他认为，在社会主义社会，消费品的分配虽然体现了"按等量劳动领取等量产品"的平等权利，但这仍然是一种"对不同等的人按不等量的（事实上是不等量）劳动给予等量产品的'资产阶级权利'"。所以，按劳分配的平等权利仍然包含着不平等的因素，存在着事实上的不平等，这就是资产阶级权利。这里所讲的资产阶级权利，显然不同于资产阶级制度下的资产阶级权利，也不是指按劳分配原则本身，而仅仅是指按劳分配中通行的等价交换的原则和存在着的事实上的不平等。列宁认为，由于社会主义社会是刚刚从资本主义社会脱胎出来的，它必然会受到经济和精神条件的限制，所以不可避免地存在着旧社会的痕迹，存在着事实上的不平等的"缺点"。这个"缺点"，只有到了共产主义社会才会消失。

我们知道，在社会主义社会，无产阶级专政代替了资产阶级专政，废除了生产资料的地主资产阶级私有制，建立了社会主义公有制，广大劳动人民从政治上、经济上、文化上，摆脱了被奴役被剥削的地位，思想觉悟日益提高，社会主义革命和社会主义建设迅速发展。革命和建设的伟大成就，充分显示了社会主义制度的巨大优越性。

但是，正如马克思和列宁所指出和阐述的那样，社会主义社会是刚刚从资本主义脱胎出来的，它在各方面还带着旧社会的痕迹。毛泽东在谈到社会主义制度时说："总而言之，中国属于社会主义国家。解放前跟资本主义差不多。现在还实行八级工资制，按劳分配，货币交换，这些同旧社会没有多少差别。"在社会主义社会，不论是经济基础或上层建筑方面，都还带着旧的痕迹，这表现在经济方面，生产力水平还没有极大地提高，社会主义生产关系还不够完善，生产资料集体所有制还没有提高到社会主义全民所有制的水平，还保留有部分的私有制，存在着工农、城乡、脑力劳动和体力劳动之间的差别，还不可避免地要实行商品生产和货币交换。

权利永远不能超出社会的经济结构以及由经济结构所制约的社会的文化发展。马克思的这句话，是历史唯物主义的一个基本原理。一切权利都属于上层建筑，属于政治法律的范畴。权利的性质和范围，归根到底是由社会的经济基础，即社会的经济结构所决定的，是同社会的文化发展相适应的。人们在社会消费品分配方面所享有的权利也是这样。

在消费品的分配方面，社会主义社会实行"不劳动者不得食"，"各尽其能，按劳分配"的原则，实现了"按等量劳动领取等量产品"的"平等权利"。但是，这种形式上的平等权利，实际上仍是一种资产阶级权利。要达到完全的公平合理，只有实行"按需要"分配消费品的共产主义分配原则。

所以讲，"按劳动"分配消费品的原则，还没有完全超出资产阶级权利的范围，这是由社会主义社会的经济条件所决定的，并同这个社会的文化水平相适应。只有在共产主义条件下，才能完全超出资产阶级权利的狭隘眼界，实行"各尽其能，按需分配"的原则。

三、社会主义社会阶段还需要国家

正因为还有资产阶级权利的存在，所以列宁指出，在社会主义社会阶段还需要国家，国家还不能消亡。他说，在推翻资本主义之后，人们还不能立即学会"不需要任何权利规范而为社会劳动"，社会主义也"不能立即为这种变更创造经济前提"，因此，"还需要国家来保卫生产资料公有制，来保卫劳动的平等和产品分配的平等"。"要使国家完全消亡，就必须有完全的共产主义"。

在共产主义下，在一定的时期内，不仅会保留资产阶级权利，甚至还会保留没有资产阶级的资产阶级国家。"在一定时期内"，指的是共产主义的第一阶段，或低级阶段，即社会主义社会阶段。"没有资产阶级的资产阶级国家"，是从资产阶级作为一个完整的剥削阶级已经被消灭，但仍保留资产阶级权利的意义上指的无产阶级国家。

列宁为了写《国家与革命》，还在他的笔记《马克思主义论国家》中，摘录了马克思、恩格斯关于国家、关于无产阶级专政以及与此有关的革命理论，专门列表说明从资产阶级国家到国家消亡发展的三个时期：第一个时期，在资本主义社会，资产阶级需要国家，这个国家是资产阶级的国家。第二个时期，在资本主义向共产主义过渡的时期，无产阶级需要国家。这个国家就是无产阶级专政的国家。第三个时期，在共产主义社会，不需要国家，国家消亡。

第四节 共产主义社会的高级阶段

这一节列宁根据马克思对共产主义高级阶段基本特征的分析，着重阐明了国家消亡的经济基础是共产主义的高度发展；分析了社会主义与共产主义的差别，指出必须发展社会主义民主。

一、国家完全消亡的经济基础是共产主义的高度发展

马克思在《哥达纲领批判》中指出："在共产主义社会高级阶段，在共产主义社会高级阶段，在迫使个人奴隶般地服从分工的情形已经消失，从而脑力劳动和体力劳动的对立也随之消失之后；在劳动已经不仅仅是谋生的手段，而且本身成了生活的第一需要之后；在随着个人的全面发展，他们的生产力也增长起来，而集体财富的一切源泉都充分涌流之后，——只有在那个时候，才能完全超出资产阶级权利的狭隘眼界，社会才能在自己的旗帜上写上：'各尽其能，按需

分配'！"①在这段话中，马克思精辟地阐明了共产主义的基本特征，科学地预示了共产主义社会高级阶段的光辉远景。按照马克思的论述，实现共产主义高级阶段的基本条件是，彻底消灭了阶级对立和阶级差别；消除了脑力劳动和体力劳动的对立和差别；全体人民具有高度的共产主义觉悟和道德品德，能够十分习惯于遵守公共生活的基本准则，劳动成了生活的第一需要；生产力高度发展，产品极大丰富，实行"各尽其能，按需分配"的原则。

列宁根据马克思的论述，指出"国家完全消亡的经济基础就是共产主义的高度发展"。

那么，怎样才算共产主义的高度发展呢？这就要看实行"各尽其能，按需分配"的必要条件是否已经具备。这些条件是：

第一，旧的分工已经消失；

第二，体力劳动与脑力劳动的差别已经消失；

第三，劳动已不是谋生的手段，而是生活的第一需要；

第四，由于社会生产力的水平已经非常高，物质财富极

①《马克思恩格斯选集》第3卷，人民出版社1995年版，第305—306页。

大丰富，每个人都获得全面的发展。

只有当这些条件都具备的时候，社会才能实现"各尽其能，按需分配"。列宁认为，到共产主义高度发展时，具有强制性作用的国家会失去其存在的意义，完全消亡是必然的。但是，列宁又指出，生产力将怎样迅速发展，怎样发展到打破社会分工，消灭脑体劳动差别，使劳动成为生活的第一需要，由于没有条件提供这方面的实际材料，因而还不能确切知道。现在能够认识到的，只是国家消亡的必然性和消亡过程的长期性。

二、社会主义和共产主义的差别

列宁在分析了共产主义社会高度发展后，又将社会主义同共产主义在科学上的差别作了一个比较。他指出，马克思分析了可以表现共产主义在经济上成熟程度的两个阶段。马克思之所以把社会主义称作共产主义第一阶段，是因为社会主义和共产主义都是生产资料公有制。但社会主义作为共产主义的第一阶段，在经济上还不是成熟的，还不能完全摆脱资本主义的传统或痕迹，还存在着资产阶级权利的狭隘眼界；在消费品分配方面存在着资产阶级权利，所以，还需要国家。只有到了成熟的共产主义，国家才会完全消亡。

三、民主在向共产主义发展中具有重要作用

列宁指出，国家消亡还有一个重要条件，这就是社会主义民主的高度发展，使劳动群众越来越多地参加国家管理和社会公共事务的管理。列宁在第四章第五节中曾经高度评价了民主的作用。"彻底发展民主，找出这种发展的形式，用实践来检验这些形式等等，都是为社会革命进行斗争的任务之一。……在实际生活中民主永远不会是'单独存在'，而总是'相互依存'的，它也会影响经济，推动经济的改造，受经济发展的影响等等。这是活生生的历史的辩证法"。

从经济上看，列宁说："民主意味着平等。"无产阶级所理解的平等就是消灭阶级对立的经济基础——私有制，建立生产资料公有制，实行按劳分配，使每个人都获得生产资料关系方面的平等、劳动的平等和分配的平等。但这仅仅是形式上的平等，还必须过渡到事实上的平等，即实现"各尽其能，按需分配"的原则。

从政治上看，民主是一种国家形式，一种国家形态。无产阶级的国家承认人民群众享有管理国家的平等权利。当所有的人都享受了民主权利，都学会了管理社会生产和社会生活，到了那个时候，作为国家形态的民主就消亡了，国家也消亡了，共产主义就实现了。当然，作为管理经济和社会生活的机构是不会消亡的，在共产主义社会里仍会存在。

社会主义不是"一种僵死的、凝固的、一成不变的东西"，社会主义民主的产生、发展、壮大，是一个历史"扬弃"的过程。有中国特色的社会主义伟大实践就是很好的例证。我国现行的分配制度是以按劳分配为主体、多种分配方式并存的分配制度。"发展社会主义民主政治，建设社会主义政治文明，是社会主义现代化建设的重要目标"。社会主义政治文明建设包含着丰富的内容，其核心和精髓就是建设高度的社会主义民主，保证最广大人民当家作主的理想目标得以实现。中国特色社会主义政治表明：党的领导，人民当家作主，依法治国三者有机统一，是中国特色社会主义政治文明的基本特征。在三者的相互关系中，党的领导是根本，人民当家作主是政治基础，依法治国是党领导人民治理国家的基本方略。

第六章　马克思主义被机会主义者庸俗化了

　　这一章列宁深刻地总结了同第二国际机会主义进行斗争的宝贵经验，尖锐地揭露和批判了机会主义者代表普列汉诺夫特别是考茨基对马克思主义国家学说的背离，系统地论述了马克思主义与机会主义在社会革命对国家态度问题上的差异。

第一节　普列汉诺夫与无政府主义者的论战

　　这一节列宁通过分析普列汉诺夫同无政府主义者的论战情况，揭露和批判普列汉诺夫在国家问题上的机会主义立场，说明他在1905年至1917年俄国革命时期完全堕入机会主义泥潭不是偶然的。

一、论战完全回避了革命对国家的态度和一般关于国家的问题

普列汉诺夫（1856—1918），早年是民粹主义者，在1883年后的20年间是俄国马克思主义政党的创始人和领袖之一，是最早在俄国和欧洲传播马克思主义的思想家，俄国和国际工人运动著名的活动家，十分受列宁尊敬。但1903年俄国社会民主工党第二次代表大会后他渐渐与布尔什维克分道扬镳，转向孟什维克主义，第一次世界大战的时候又支持民族主义，此后对十月革命又持反对态度。因受沙皇政府迫害，流亡国外，长达37年。

1883年普列汉诺夫与巴维尔·波利索维奇·阿克雪里罗得、维拉·伊万诺夫娜·查苏利奇等志同道合者在日内瓦创立了"劳动解放社"，这是俄国第一个马克思主义团体。该社把马克思、恩格斯的许多著作如《雇佣劳动与资本》《哲学的贫困》《费尔巴哈论》《关于自由贸易的演变》《恩格斯论俄国》等书译成俄文出版。他们领导的"劳动解放社"的活动对俄国马克思主义的传播起了重要作用。"劳动解放

社"为在俄国建立无产阶级政党奠定了基础。普列汉诺夫的一些著作曾受到恩格斯的称赞和列宁的推崇。恩格斯看过《我们的意见分歧》一书后说："我感到自豪的是，在俄国青年中有一派真诚地、无保留地接受了马克思的伟大的经济理论和历史理论……如果马克思能够多活几年，那他本人也同样会以此自豪的。"《论一元论历史观的发展》一书出版后，恩格斯在给普列汉诺夫的信中说："您争取到使这本书在本国出版，这本身无论如何是一次巨大的胜利。"列宁认为本书"培养了一整代俄国马克思主义者"。

普列汉诺夫是最早在俄国宣传马克思主义的，但是，他在革命对国家的态度和一般国家问题上，在同无政府主义论战中，却采取了回避态度。19世纪末，随着资本主义向帝国主义阶段过渡，资本集中日益加剧，小资产阶级大批破产，在许多国家中特别是小资产阶级占优势的德国和俄国，无政府主义思潮更加增长。无政府主义者反对一切国家和权力，主张立即废除国家，建立"无政府"社会；甚至还提出应从精神上去感召统治阶级自动废除国家。这对于处在革命前夜的工人运动是极为有害的。当时，以恩格斯为代表的各国马克思主义者同无政府主义者展开了激烈的斗争，坚决捍卫马克思主义关于用革命暴力打碎旧的国家机器建立无产阶级专政的伟大学说。正是在这种情况下，普列汉诺夫于1894年写了一本小册子，叫作《无政府主义和社会主义》，名义上是要批判无政府主义，实际上是助长无政府主义。

列宁对这本书进行了分析指出，这本书充满着资产阶级学究和庸人的气味，完全避开了马克思主义同无政府主义最本质的区别，根本不谈建立无产阶级专政的问题，揭露普列汉诺夫完全回避了"反对无政府主义的斗争中最现实、最迫切、政治上最需要的问题，即革命对国家的态度和一般关于国家的问题"。无产阶级革命要不要打碎资产阶级国家机器，要不要建立无产阶级国家政权的问题，恰恰在这个重要问题上回避了。普列汉诺夫这本小册子，只是考察了科学社会主义与空想社会主义的区别，叙述了无政府主义学说的发展。列宁把这部分称为"历史文献"，并把其中关于无政府主义者施蒂纳、蒲鲁东等人的思想演变的材料，称为"宝贵材料"。至于普列汉诺夫把无政府主义者的一些冒险行动、恐怖活动（如在议会和公开场所扔炸弹、搞谋杀等），说成不道德的行为，并且以在德国被捕的无政府主义者家里搜出的大量偷窃来的东西为根据，而作出无政府主义者与强盗没有区别的结论，列宁认为这一部分是"庸俗的""拙劣的"议论。

普列汉诺夫的小册子批判无政府主义是乏力的，他后来的政治活动中一贯右倾。1903年，即俄国1905年民主革命前两年，他在为俄国社会民主党第二次代表大会起草党纲时，不提无产阶级专政；这次大会以后，他就公开以一个主张同孟什维克"调和"的人变为孟什维克了；1905年俄国第一次民主革命时，他站在自由资产阶级立场上反对列宁的革命路线，发出"本来就用不着拿起武器"的不和谐声音，反对无产阶级用武装起义推翻沙皇政府；1917年，他又伙同孟什维克和社会革命党人出卖俄国无产阶级在"二月革命"中得到的胜利成果，最终堕落为"在政治上充当资产阶级尾巴的半学究，半庸人"。由此可见，他在理论上的机会主义立场，导致了他在政治上堕落为机会主义者。所以，他在同无政府主义者论战时，竭力回避打碎旧的国家机器、建立无产阶级专政这个革命要害问题，正好回答了他"在俄国革命前夜以及革命时期的全部活动"为什么是机会主义的。

二、普列汉诺夫滚到了机会主义立场上

列宁进一步揭露了普列汉诺夫对无政府主义的"批判"完全是欺人之谈。他指出，无政府主义的要害就是反对一切政权，反对无产阶级打碎资产阶级国家机器建立无产阶级专政，并用它去镇压资产阶级的反抗。所以一个真正的马克思主义者在同无政府主义论战时，必须把国家问题作为斗争的中心，坚持马克思主义的无产阶级专政学说，彻底揭露、批判无政府主义反马克思主义的反动本质。列宁强调指出，马克思和恩格斯在反对无政府主义者巴枯宁时，正是坚持了这种正确立场。我们知道，1871年巴黎公社失败以后，以巴枯宁为头子的无政府主义者，同欧洲各国反动势力一样，疯狂反对第一国际和马克思主义，他们歪曲巴黎公社的经验，攻击无产阶级专政学说，胡说公社是"对国家的大胆明确的否定"，实现了他所主张的以自治公社联盟来代替国家的思想。马克思和恩格斯在同巴枯宁及其信徒的斗争中，总是抓住在无产阶级革命中是否需要打碎旧的国家机器，以及是否需要

用无产阶级专政来代替它这两个根本问题，对他们进行批判。

无产阶级专政学说是马克思主义的精髓。普列汉诺夫由于在理论上回避无产阶级革命对国家的态度问题，"不理会马克思主义在公社以前和以后的全部发展，那就必然会滚到机会主义那边去"。在1903年俄国社会民主党第二次代表大会以后，他公开转向孟什维克的右倾机会主义立场，提出不要无产阶级专政，走向马克思主义背离的道路。毛泽东总结指出："列宁为什么说对资产阶级专政，这个问题要搞清楚。这个问题不搞清楚，就会变修正主义。"普列汉诺夫所走的曲折道路说明了一个真理：在无产阶级革命实践中，谁要是在同机会主义的斗争中采取有利于机会主义、助长机会主义的躲躲闪闪的态度，回避或不加理会无产阶级革命和无产阶级专政问题，谁就注定要最后堕落成为机会主义者，成为马克思主义的背离者。

第二节　考茨基与机会主义者的论战

这一节列宁揭露与批判了考茨基在与伯恩施坦的论战

中，采取隐蔽的手段，反对打碎资产阶级国家机器，反对建立无产阶级专政的机会主义立场。

一、考茨基是在国家问题上一贯倾向机会主义

考茨基（1854—1938）是德国社会民主党和第二国际机会主义者的首领之一。早期他曾在马克思和恩格斯的影响和教育下，编写过一些宣传马克思主义的小册子。1895年恩格斯逝世以后，机会主义者伯恩施坦向马克思主义发动了全面的猖狂的进攻，公开叫嚣要"革新"和"修正"马克思主义。对此，无产阶级革命"左"派奋起进行了抨击和批判。在这种情况下，自命为"正统的"马克思主义者的考茨基被迫同伯恩施坦机会主义进行论战。但是考茨基不是站在马克思主义的立场上，而是站在机会主义立场上同伯恩施坦进行论战；他利用反对公开的伯恩施坦机会主义，来掩盖、兜售他的隐蔽的机会主义。这个在俄国和第二国际出了名的"大人物"，在第一次世界大战前夕，就形成了完整的修正主义理论。在1914年爆发的帝国主义战争中暴露出他是无产阶级的叛徒、成为社会沙文主义者。列宁指出，考茨基的堕落不

是偶然的，因为他从来就不是一个马克思主义者。早在大战之前，在许多原则问题上，就已经表现了动摇、变节，不过他是采取隐蔽的机会主义立场。例如，1891年，他不赞成马克思对拉萨尔的批判，因而不愿意发表马克思的《哥达纲领批判》。1900年，他参加起草《爱尔福特纲领草案》中回避了必须打碎资产阶级国家机器、建立无产阶级专政这些革命的根本问题。

列宁着重揭露了考茨基在1900年巴黎国际社会党人代表大会上的机会主义立场。1899年，法国极端反动的机会主义者米勒兰第一个参加了反动的资产阶级内阁，无耻地同血腥镇压巴黎公社的刽子手加里福一起担任了部长的职务，"做出了实行这种实践的伯恩施坦主义的绝好的榜样"[1]。米勒兰的入阁在法国社会党和第二国际内部引起了尖锐的争论。1900年于法国巴黎举行的国际社会党人代表大会，围绕这个问题展开了激烈的论战，会上分成了左、中、右三派。左派坚决谴责米勒兰的叛徒行为，右派则公然为米勒兰辩护，把

---

[1]转引自《〈国家与革命〉学习参考纲要》，人民出版社1975年版，第183页。

米勒兰入阁看成是无产阶级的胜利，是夺取政权的社会主义
革命的开始；以考茨基为首的中派采取了折中调和态度。由
他起草并为大会通过的《夺取社会权力和与资产阶级政党联
盟》的决议，对米勒兰个人假惺惺地表示了某种谴责，说什
么"个别社会党人参加资产阶级政权，不能认为是夺取政权
的正常开端"，可能会"在战斗的无产阶级队伍里造成混乱
和分崩离析的危险"。可是考茨基在虚晃一枪之后，立即为
这种叛变行为进行辩解，说这是"迫不得已采取的暂时性的
特殊手段"①，并声称"如果在某种情况下，政治形势要求
做这种冒险的尝试，那么，这是一个策略问题，而不是原则
问题，国际代表大会不应对此发表意见"。他在虚构了诸如
党内多数赞成参加资产阶级政府，而参加政府的社会党人又
继续成为本党的全权代表等荒唐的条件后，竟胡说社会党人
在这种情况下参加内阁，就"有可能给战斗的无产阶级带来
良好的结果"。考茨基的决议表面上是不偏不倚，实际上是
对改良主义的最大让步。由于这个"橡皮性"决议受到了第

---

①1900年9月23日至27日巴黎举行的第五次国际社会党代表大会会议正
式记录。

二国际左派的批评，考茨基在巴黎代表大会之后不久，发表文章为自己辩护，并说他之所以认为巴黎代表大会不应"介入"这场争论，是出于使法国社会党左右两派"和解的意图"，出于"促成统一的意图"，有意使决议"成为敌对的兄弟借以彼此接近以便就分歧点达成协议的黄金桥梁"。①这就不打自招地供认了他搞"橡皮性"决议的目的，是为了调和和限制马克思主义同机会主义的斗争，庇护机会主义。在这里，列宁强调指出："这个决议对机会主义者的态度是暧昧的，躲躲闪闪的，调和的。"

二、考茨基在国家问题上的机会主义立场

列宁通过对考茨基所写的三本书进行了集中批判，揭露了考茨基在国家问题上的机会主义立场。

第一本书是考茨基在1899年写的《伯恩施坦与社会民主党的纲领》。考茨基抹杀了要不要打碎旧的国家机器这个马克思主义同机会主义在无产阶级革命任务问题上的最本质的差别。

①考茨基：《社会党代表大会和社会党员部长》，《考茨基言论》，生活·读书·新知三联书店1966年版，第62页。

伯恩施坦在1895年恩格斯逝世以后，公开跳出来反对马克思主义。1899年，他写了《社会主义前提和社会民主党的任务》，集机会主义之大成，对马克思主义进行了全面的"修正"和攻击，公开扯起了修正主义的旗帜。伯恩施坦在书中把马克思主义关于用革命暴力打碎旧的国家机器的学说，诬蔑是"无产阶级的恐怖主义"，是布朗基主义①；把马克思在《法兰西内战》一书中提出的关于"消灭国家政权——寄生物"的观点，即打碎旧的国家机器的观点，同蒲鲁东反对集中制而主张联邦制混为一谈，说是"表现了同蒲鲁东的联邦主义的极大的类似性"。特别值得注意的是，他公然歪曲马克思总结巴黎公社经验时得出的那个非常重要的结论："工人阶级不能简单地掌握现成的国家机器，并运用它来达到自己的目的。"马克思的这个结论是说，工人阶级应当"打碎""摧毁""炸毁"资产阶级的国家机器，而不是简单地从一些人手里转到另一些人手里就行了。伯恩施坦

---

①19世纪中期工人运动中的革命冒险主义的思潮。以法国的布朗基为代表。主张依靠少数革命家的密谋活动来推翻资产阶级的统治，建立少数人的专政，一步就跳到共产主义。

却歪曲说，这个结论是警告工人阶级不要在夺取政权时采取过激的革命手段。

但是，标榜为"正统马克思主义者"的考茨基，在他那本专门用来"驳斥"伯恩施坦的小册子中，对于伯恩施坦这种肆意的歪曲，对于马克思自从1852年在《路易·波拿巴的雾月十八日》一书中提到的、并在以后一贯强调的无产阶级革命必须打碎旧的国家机器的思想，却装聋作哑一字不提。相反，他却引证了恩格斯在1891年为《法兰西内战》所写的导言中的一段话，即关于"国家最多也不过是无产阶级在争取阶级统治的斗争胜利以后所继承下来的一个祸害"，然后就推论说"马克思的话，只是说不能简单地掌握，不是说不能掌握，一般来说，工人阶级还是能够掌握的"。很明显考茨基这里说的"能够掌握"，就是指工人阶级可以不必打碎旧的国家机器而直接利用现成的国家机器来为自己服务，直接一点说，就是可以"和平过渡"。列宁指出，这样一来，"马克思主义同机会主义在无产阶级革命的任务问题上的最本质的差别被考茨基抹杀了"！这就表明，考茨基和伯恩施坦，虽然一个是批判者，一个是被批判者，但二者却不合时宜地出现了一定的"趋同"之势。

不仅如此,而且当伯恩施坦完全背离马克思主义关于无产阶级专政的学说时,考茨基不仅不给予痛斥,反而说什么由于"我们既不知道无产阶级的统治将在何时到来,也不知道它将怎样到来","我不想发誓担保无产阶级的统治非采取专政形式不可"。所以,"关于无产阶级专政问题,我们可以十分放心地留待将来去解决"。他企图用无法预定知道打碎旧的国家机器的具体形式的话题,来"代替要不要打碎"这个根本问题的讨论。列宁尖锐地指出:"这不是反驳伯恩施坦,同他进行论战,实际上是向他让步,最后把阵地让给机会主义。"

第二本书是考茨基在1902年写的《社会革命》,暴露了他对资产阶级国家的"崇拜"和对资产阶级官僚制的"迷信"。这本小册子虽然在很大程度上也是为"驳斥"机会主义而写的,虽然也专门谈了许多关于无产阶级革命和社会主义制度问题的"极宝贵的见解",但是对于要不要用暴力打碎旧的国家机器,用无产阶级专政代替资产阶级专政这个问题,却恰恰回避了。对此,列宁从两方面进行了揭露和批判。

首先，列宁揭露了考茨基在这本小册子中，谈论的只是"夺取政权"，不提打碎旧的国家机器。这实际上还是在说，"能够掌握"。列宁指出，马克思、恩格斯在1848年发表《共产党宣言》时，由于还没有类似巴黎公社那样的革命实践作依据，也不可能总结出巴黎公社打碎旧的国家机器，用无产阶级专政代替资产阶级专政的经验教训，只能是一般地提出夺取政权，建立无产阶级统治的思想。为此，他们在1872年为《共产党宣言》写的序言中就特别指明，这种提法"已经过时了"。现在必须把巴黎公社的经验教训，作为对《共产党宣言》的唯一的修改和补充。可是考茨基1902年还只谈"夺取"，不提"打碎"，这就充分表明考茨基的这种复旧，就是他的机会主义面目的再一次暴露。

列宁进一步指出，在这本小册子中，有一节还专门谈了"社会革命的形式与武器"问题，但也只是胡说一通。说什么"无产阶级手中的最革命的武器是政治罢工"，甚至还叫嚷，胜利了的无产阶级"将实现资产阶级也曾一度捍卫过的那种民主主义纲领"。这就是说，无产阶级胜利以后，也还要保留和利用那种只供少数剥削者享用的、而对广大劳动者则使用暴力的资产阶级国家机器。可见考茨基讲了半天的社会革命就是死抱住资产阶级国家机器不放，就是一字不提巴黎公社打碎资产阶级国家机器并用新型的无产阶级专政的国家来代替的经验教训。因此，恩格斯在1891年为《法兰西内战》写的导言中，警告不要"崇拜"资产阶级国家，特别是德国社会民主党人不要"崇拜"资产阶级国家，是非常英明和正确的。

列宁指出：不管考茨基在口头上怎样花言巧语、怎样气势汹汹地向资产阶级宣战只要他"回避革命无产阶级的迫切问题"，即打碎资产阶级国家机器建立无产阶级专政，"实际上就是在这个最重要的问题上向机会主义让步"，就是以隐蔽的方式赞同和拥护伯恩施坦的机会主义路线。

其次，列宁揭露考茨基说的在社会主义社会里，"非有官僚组织不可"，应让"工人选出代表来组成某种类似议会的东西，由这个议会制定工作条例并监督官僚机构的行政"等论调，这实际上就是抹杀无产阶级民主制度和资产阶级民主制度的本质区别，而保护资产阶级国家的官僚制。在考茨基看来，资产阶级国家同过去的奴隶社会和封建社会的国家不同，他认为资本主义社会已经有了普选制、议会制这些形式，就能使国家全体成员具有完全平等的权利，因而资产阶级国家已经开始从镇压被剥削者的工具，转变为解放他们的工具；资产阶级的民主，也就成为全民的、纯粹的、完美无缺的民主。他甚至还认为这种具有普遍"平等"选举权的民主，是使阶级斗争从拳头斗争变为头脑斗争的手段。因而他主张在社会主义社会里还要保留"官僚机构"，还要保留议会制。列宁认为，在社会主义社会里，无产阶级为了管理大工厂、大商店、大农场，当然要"选出代表来组成某种类似议会的东西"；但是，关键在于这个"某种类似议会的东西"，"不会是资产阶级议会机构式的议会"，而是彻底摧毁了旧的官僚机构之后建立起来的一种新机关。因为这种新机关就像巴黎公社那样：第一，实行普选制，并随时可以撤换；第二，薪金不得高于工人的工资；第三，让所有的劳动者都来执行过去只让官僚行使的监督和监察的职能。这样一来，使所有的人暂时都变成了"官僚"，因而高居于群众之上的真正的官僚也就不存在了。列宁指出，考茨基的"有官僚机构"的论调，完全背弃了马克思和恩格斯在《法兰西内战》中总结巴黎公社的经验教训时所作出的重要指示："公社不是议会式的，而是同时兼有立法和行政的工作机关"；也完全抹杀无产阶级民主制度和资产阶级民主制度的根本区别，即"资产阶级议会制是把民主（不是供人民享受的）同官僚制（反人民的）连在一起，而无产阶级民主制度则立即采取办法来根除官僚制，并且能够把这些办法实行到底，直到官僚制完全消灭，供人民享受的民主完全实现"。

第三本书是考茨基在1909年写的《取得政权的道路》，又一次回避了国家问题。列宁指出，这本书比前两本有很大的进步。它不是像前两本书那样笼统地空谈革命，而是谈到了"革命时代"已经到来的具体条件。因此，就这一点而言，它是这三本书中"最好"的一本。

在这本书中，考茨基迫于世界大战已经临近的形势，"不得不承认"：帝国主义的"军备竞赛将越来越加剧一切阶级矛盾"，它促使了革命形势的猛烈发展，无产阶级已经强大到"不能再说革命为时过早了"，我们已经进入了有可能"夺得和保持国家政权"的"革命时代"。

然而，当世界大战真的爆发之时，考茨基却完全背弃了他在战前所喊的"革命"口号，而堕落为支持帝国主义战争，维护本国资产阶级利益，反对无产阶级革命的社会沙文主义者。因而，考茨基的这本小册子恰好成了衡量考茨基之流言行不一的"一个尺度"。列宁说，以考茨基为首的德国社会民主党"原来就比人们想象的要温和得多，要机会主义得多"！特别需要指出的是：考茨基虽然很明白无产阶级革命风暴马上就要来临，但是，他在这本自称为专门谈"政治革命"的小册子中，却又完全回避了"政治革命"的国家问题。这就又一次暴露了他反对打碎旧的国家机器、反对用无产阶级专政代替资产阶级专政的机会主义面目。

这一节的最后三段，列宁作了一个简要的总结。列宁认为，考茨基的这三本书所表述出来的思想发展过程及其要害，就是代表了考茨基本人和以他为首的德国社会民主党变成修正主义的过程：1899年，承认革命，就像考茨基在第一本书中说的那样；1903年，承认无产阶级的社会革命是不可避免的，就像考茨基在第二本书中说的那样；1909年，承认革命的新时代已经到来，就像考茨基在第三本书中说的那样。但是如果说这个革命是指必须首先用暴力打碎旧的国家机器的话，就如马克思早在1852年《路易·波拿巴的雾月十八日》一书中指出的那样："集中一切破坏力量"，来"摧毁"资产阶级国家机器，那么，他还是要反对马克思关于打碎旧的国家机器的革命学说的。这就像后来考茨基在1912年与潘涅库克论战时所提出的那样：无产阶级革命的任务，只是要一个"迁就无产阶级的政府"而已。因此，列宁得出结论："所有这路回避问题、保持缄默、躲躲闪闪的做法结合起来，就必然使他完全滚到机会主义那边去。"

第三节　考茨基与潘涅库克的论战

这一节列宁分析了考茨基与潘涅库克①的论战，进一步揭露和批判了考茨基歪曲马克思主义国家学说，鼓吹机会主义的谬论。

---

①潘涅库克（1873—1960），是荷兰社会民主党左派领袖。第一次世界大战期间，坚持国际主义立场，属于齐美瓦尔得左派。1918年加入荷兰共产党，不久参加共产国际的工作。后来转向"激左派"，反对共产国际第二次代表大会通过的纲领。列宁在《共产主义运动中的"左派"幼稚病》一书中对潘涅库克进行了批评。1921年潘涅库克退出了荷兰共产党，离开了政治活动。

1895年，恩格斯逝世以后，第二国际逐渐分化为左、中、右三派。潘涅库克是荷兰社会民主党左派领袖。1912年7月他以"左翼激进"派代表的资格在《新时代》杂志发表了《群众行动与革命》一文。批判了考茨基死守合法旧策略，坐等所谓"革命危机"的消极态度。指出考茨基在实践中总是"接近修正主义的策略"。考茨基针对潘涅库克对他的批判，于1912年8月写了《新策略》一文进行反驳，他在这篇文章中，歪曲潘涅库克的正确观点，诬蔑潘涅库克是无政府主义者，是不要议会斗争的"群众行动痴"。考茨基在第二国际中是个中派，他表面上站在左派和右派中间，看起来是不左不右，不偏不倚，以马克思主义者自居。其实，考茨基是口头上的中派，实际上的右派。在一些重大原则问题上，他总是倒向机会主义一边。

一、考茨基混淆马克思主义同无政府主义的区别

列宁首先介绍了潘涅库克的观点以及考茨基是怎样反驳潘涅库克的。潘涅库克在批判考茨基的机会主义谬论时，提

出了"无产阶级的斗争不单纯是为了夺取国家政权而反对资产阶级的斗争，而是反对国家的斗争……无产阶级革命的内容，就是用无产阶级的强力工具去消灭和取代国家这个强力工具……只有当斗争的最后结果是国家组织的完全破坏时，斗争才告终止"。从这段话我们可以看出，潘涅库克的意思是很清楚的，他是想说无产阶级革命不能简单地夺取现成的国家政权，而必须彻底打碎旧的国家机器，并用无产阶级革命专政来代替。但是，他在表述这种马克思主义的观点时，在措辞上是有很大缺陷的，即犯了不明确不具体的毛病。可是，考茨基却恰恰利用潘涅库克在措辞上的毛病，故意歪曲他的革命思想，硬把他坚持打碎资产阶级国家机器的观点说成是"无政府主义"，是主张"破坏"包括无产阶级国家在内的一切国家，是"想破坏集中制"等等。并把与潘涅库克的分歧归结为"社会民主党与无政府主义者之间的根本对立"。混淆视听地说什么"前者想夺取国家政权，后者想破坏国家政权"。

针对考茨基的这种恶意歪曲，列宁尖锐地指出：潘涅库克同考茨基的分歧，根本不是什么马克思主义同无政府主义的分歧，而是马克思主义同机会主义的原则分歧。考茨基"在这个根本的原则性的问题上，他完全离开了马克思主义立场，完全滚到机会主义那边去了。他对社会民主党人与无政府主义者的区别的论断是完全不对的，马克思主义完全被他歪曲和庸俗化了"①。

列宁阐明了马克思主义者同无政府主义者在国家问题上的三条原则区别：

（1）关于完全消灭国家问题。马克思主义认为，只有在社会主义革命把阶级消灭之后，即导向国家消亡的社会主义建立起来之后，这个目的才能实现；而无政府主义者则希望在一天之内完全消灭国家，他们不懂得实现这个消灭的条件。（2）关于打碎国家机器问题。马克思主义认为，必须彻底破坏旧的国家机器，用新的由武装工人组织组成的、公社式的国家机器来代替它；而无政府主义者虽然主张破坏国家机器，但是他们完全没有弄清楚无产阶级将用什么去代替它以及无产阶级将怎样利用国家政权；无政府主义者甚至否定革命的无产阶级利用国家政权，否定无产阶级的革命专政。

---

① 《列宁选集》第3卷，人民出版社1995年版，第213页。

（3）马克思主义者主张通过利用现代国家来使无产阶级进行革命的准备；无政府主义者则否认这一点。

根据以上三点分析，列宁指出："在这个争论中，反对考茨基而代表马克思主义的恰恰是潘涅库克"，"考茨基离开了马克思主义而滚到机会主义者那边去了。"[①]

二、考茨基论战中玩弄的是十足的欺骗手段

考茨基在同潘涅库克的论战中，还把潘涅库克打碎旧的国家机器的思想诬蔑成是破坏集中制。列宁说这是十足的欺骗手段。考茨基为了掩饰自己对马克思主义的歪曲，他引证了马克思1850年《告共产主义者同盟书》中的话，必须"坚决使权力集中于国家政权掌握之下"[②]。以此作为攻击潘涅库克的理论根据。列宁一针见血地指出："这不过是一套把戏，正像伯恩施坦说马克思主义和蒲鲁东主义都主张用联邦制代替集中制一样。"考茨基的引证是驴唇不对马嘴，他回避了大家都知道的马克思和恩格斯关于公社的经验。

---

①《列宁选集》第3卷，人民出版社1995年版，第214页。
②《列宁选集》第3卷，人民出版社1995年版，第214页。

三、批判考茨基"非有官吏不可的"谬论

在同潘涅库克的论战中，考茨基认为在无产阶级革命取得胜利以后所建立的社会主义国家里也非有官吏不可。他说："我们无论在党组织或在工会组织内部都非有官吏不可，更不必说在国家行政机关内了。"列宁批判了他这种谬论，指出，"这显然是故意歪曲"[①]。官吏不但是必须消灭的，而且是能够消灭的。

列宁指出：马克思教导我们要避免这两种错误。一方面，教导我们勇气百倍地去破坏全部旧的国家机器；同时又教导我们要具体地提出问题，要看到公社在数星期内即能够开始建立新的无产阶级的国家机器，如果沿这样的道路前进，我们就一定能彻底破坏官僚制。

在社会主义社会里，彻底破坏官僚制是有保证的。因为社会主义社会的政治经济条件使广大群众都能够参加国家管理。因此列宁预测性地总结道：社会主义使群众能过新的生活，使大多数居民无一例外地人人都来执行"国家职能"，这也就会使任何国家完全消亡。

---

① 《列宁选集》第3卷，人民出版社1995年版，第215页。

结　束　语

毛泽东说："要多读点马列主义的书。"

马列主义的书很多，大部头的如《马克思恩格斯全集》《列宁选集》《毛泽东文集》等，读之耗时费力，非一日之功，多是学者和专业人员为之。小册子、单行本也是有的，著名的如《共产党宣言》《德意志意识形态》《1844年经济学哲学手稿》等。对非专业研究人员和初学者有选择性地重点阅读小册子和单行本，是非常必要的，因为这是"切"入学习马克思主义理论氛围的很好捷径。马克思主义是一种宏大叙事，通俗讲，是一门博大精深的政论性很强的社会发展理论。要系统地考察和学习马克思主义国家学说，列宁的《国家与革命》就是一本非常值得"拿来"与"打开"的书。

在这部著作中，列宁运用辩证唯物主义与历史唯物主义的原理，完整系统地阐述了马克思和恩格斯有关国家和革命的基本观点及其发展过程，及时总结了国际共产主义运动以及俄国革命的新经验，深刻批判了机会主义者在国家和革命问题上的篡改和歪曲，在新的历史条件下，继承、捍卫和发展了马克思主义学说。

《国家与革命》自1917年9月完稿、1918年公开问世以来，伴随着世界性的社会主义革命运动，逐渐成了新时代革命的圣典。从人类社会历史演进过程看，暴力与革命确是一种必然的现象。欧洲各国的革命、美国革命、俄国革命和中国革命，它们都与暴力相连，尽管具体情况各异。但从生产力发展水平看，都未超越工业社会取代农业社会、市场经济取代自然经济、政治平权取代君主专制的时代革命。这种革命是人类以追求自由、平等、人权为目的，对现代的社会生活有着巨大影响。用这一尺度衡量历史上与暴力相连的革命，就知道它在当时历史条件下的合理性和无法避免。并且，暴力作为历史上人类生存的一种行为方式，不仅与革命相连，也几乎体现在历史活动的各个领域。历史上人类的复仇、战争、侵略、镇压、反抗等等，无不与暴力相连，而以暴制暴的反抗与革命更是应运而生。并且，这种暴力活动在当今世界远未完全消失，地球上的许多地区仍然武力冲突频繁，我们的时代也远不是太平盛世。从这种意义上说，《国家与革命》中许多原理仍有其生命力。当然，列宁看重和平革命的机会和推崇暴力是以最终消除社会暴力为目的的思想，会随着历史进程愈加显出理性的光辉。列宁曾向往人人平等社会的到来，并设想整个社会将成为一个管理处，"成为一个劳动平等和报酬平等的工厂"。

　　然而，时代的烙印以及"左"的积习，使我们长期以来把一些社会主义革命理论曲解或误读了。这种曲解或误读主要表现在，把用暴力革命打碎旧的国家机器视为从资本主义制度过渡到社会主义制度的唯一手段，过于突出国家的暴力作用或只把国家视为暴力工具等。在和平与发展成为主题的今天，全球范围内社会政治变革的形式已发生巨大变化，和平的政治选举正在为越来越多的人所接受。社会政治和平变革的概率也越来越大，政治地图的改变正在采取某些新的形式。尽管仍有局部战争不时发生，也有恐怖主义的存在，但反战、反恐却是时代主流。也许是时代变化的缘故，《国家与革命》以前被遮蔽的一些论点今天变得明朗了。

　　在新的时代，重读列宁的《国家与革命》，确能体悟出一些以前未曾读出过的精辟思想，也能消解对这部经典著作中有关暴力革命和国家职能的误解。

梁启超先生曾警示国人："制出将来之少年中国者，则中国少年之责任也。"因为少年智则国智，少年富则国富，少年强则国强。对于我国当代青年学生来说，学习列宁的《国家与革命》，就要深刻理解其精神实质，用马克思主义理论武装头脑，坚定共产主义信念，坚定建设有中国特色社会主义的信心，坚持党的基本路线，学好科学文化知识，努力成为"四有"人才，为祖国和人民作出自己应有的贡献。